LOCUS

LOCUS

Smile, please

改變現狀、擁抱自由，創造更多可能的人生改革術

魯蛇的翻轉人生計畫

海星

就算沒學歷、沒才能、沒人脈，
也能擺脫所有討厭的現狀！

我是所謂的平凡人，
不想上班……
已經這麼晚了
不擅工作，也不擅念書。
社會上副業越來越普遍……
副業年收1000萬日圓!?
我也想過更好的生活……
早上了…
得起床…
但工作已經讓我精疲力竭……
不用擔心！
就算是普通人也能擁有豐足的生活！
哇！

先從4步驟開始吧！
還有心智圖，接下來……
哇—不需死記的學習方法！
也試試自我分析吧。
隨著時間流逝……
我可以不用再做那些討厭的事。
再見了無用的會議！
再見了無能的上司！
辭呈
也可以隨時做喜歡的事情。
在平日旅行是自由工作者的特權♡
人少又便宜舒服—
舒服～
更重要的是錢增加了！
收入不斷上漲，
哇—賺這麼多—
革命大成功
發光
●●BANK
成就感也越來越高！

前言

不需要大革命，小小的革命就好

「這世界上的成功人士，都是一些本來就很厲害的人吧？」

一直以來我都是這麼認為的。雖然他們受訪時總是謙虛地說：「不不，我完完全全就是個平凡人。」但實際上……

- 名校畢業
- 曾任職於超大型企業
- 社團活動曾晉級到全國大賽
- 普通的事情做不來，但超擅長○○
- 對於○○可以不眠不休地投入

不不不，你完完全全就不是平凡人啊！你本來就應該成功啊！

讀許多成功人士寫的書，聽他們說話，都讓我覺得，「總之他們就是擁有某些特質。」

唉，品味、學歷、職歷、人脈、擅長的事、投入的事……這些都沒有的平凡人，難道就沒有屬於我們的成功方法嗎……平凡的我想破了頭……

結論是，沒有。

「無人能及的豐功偉業」、「年收入十億日圓」、「靠被動收入就能悠哉度日」，這種生活對平凡人來說是很難的，不，應該說幾乎是不可能的。唯一的一線希望，就是抓住天大的好運吧。

但換個方向思考，拓展收入來源，讓自己的生活比現在更豐裕一些，則是平凡人也可能達成的目標。

這本書是不擁有以上任一特質、平凡無奇的我，為了「同為平凡人」的你，希望盡可能讓你的人生更富足，所寫下的書。如果你是懷著「想打造名留青史的豐功偉業」、「想賺三十億日圓」、「想創立一家上市公司」、「想在南方島嶼買別墅，在那裡生活」這般雄心壯志，很抱歉，這本書對你而言會很無趣，就此闔上也無妨。

（如果你已經不慎購買，我很抱歉。我……沒辦法退書喔……）

但如果你沒有那麼遠大的志向，只是希望：

- **生活比現在更富足一些**
- **靠副業多賺五萬日圓**
- **擺脫厭煩的人際關係**
- **不用繼續做討厭的工作**
- **找到志同道合的朋友**

那麼，這本書對你一定有所幫助。

這本書是以平凡人的視角，寫下為擁抱豐裕生活，所需要的心態和具體方法、靠副業或自由工作者賺錢的知識、能創造資產的輸出術。請以輕鬆的心情閱讀，輕鬆地著手進行。

工作、念書、運動都不會的我

總之，先來介紹我自己吧。我叫海星，一九九一年生，住在日本愛知縣，最討厭的一句話是「上班打卡制，下班責任制」。因為寫部落格開創了副業，讓我得以從討厭的公司離職。現在雖然成立了公司，仍過著相對自由的生活。

如今因為事業順利，人們開始說我「完全不是平凡人啊！」「他一定是天才！」，但至今為止，我的人生並沒有什麼特別與眾不同的部分，非常平凡。與其說平凡，就算說是「魯蛇」也不為過。具體來說：

- **頭腦差，畢業自「三流大學」（入學門檻低，英文課是從「be 動詞」開始教起）**
- **從來沒在運動或美術領域拿到好成績（在網球社時，大賽的勝率是0%）**
- **朋友中沒人創業，也不認識有錢人（人脈0）**
- **開始工作後，就是典型的「不擅工作的人」，每天都挨罵**
- **粗心大意、忘東忘西是家常便飯，不論學生時代，或出社會後，都常常因此挨罵**
- **挨罵時老是分心於其他的事，再度惹怒對方**

就是這樣。到了這個田地，不免讓人期待有個「雖然平時欠缺專注力，但面對喜歡的事物就會全心投入！」的特質，但想當然耳，我並沒有那種能力。說自己是「平凡人」，還對平凡人有些失禮呢……我就是這麼糟糕的人。不過，我並沒有打算以「才華」來概括這一切，特別是學歷，那完全是努力念書的成果。

只是，我也不是沒有努力過。要是我放棄考試、念書，成天都在玩，那麼進三流大學也是理所當然的結果，但是我明明很認真準備考試，卻還是第一到第四志願全都落榜，連作為候補的大學也沒考上，最後只能進三流大學。怎麼會這樣呢？

但就算是我這樣的平凡人，也是有長處的。我可以告訴同為「平凡人」的大家許多「平凡人」也能做到的事。**這本書是超級平凡的我，為同為「平凡人」的你而寫，希望你也能擁有更加豐裕的人生。**

我們不需要改變世界的大革命，那種事就交給天才吧。像我們這樣的平凡人，只需要在自己和自己周邊發起小小的革命就行了。確實地、一步一步地讓自己比今天更幸福吧。

希望這本書能成為你發起人生微型革命的助力。

改變我人生的，是因興趣而開始的部落格與 Twitter

首先，來說說我的微型革命吧。對我來說，起於因興趣而寫的「部落格」，以及一起辦的「Twitter（推特）」帳號。喜歡寫作的我，有一半是出於逃避現實，才開始寫部落格並使用 Twitter 的。

你可能會覺得：「原來如此，你有寫作的才華嘛！」但並沒有這回事（儘管我很想擁有這種才華）。我雖然高中時曾加入文學社，也比一般人喜歡寫作，但我參加寫作比賽沒得過半次獎，連一次入選佳作都沒有。

客觀來看，我的文章欠缺文采，這點是顯而易見的。雖然我曾夢想著「以後要當小說家」，但認清現實後也只能放棄，「這種作文是無法成為專業的」。

因興趣而開始寫的部落格，一開始只是日記罷了，抱怨一些工作的事、寫家裡養的狗有多可愛，或是沒意思的趣味文章，盡是一些毫無生產性的內容。

一開始雖然只有幾個熟人會看我的部落格，但為了填補上班的痛苦，我持續每天更新。

開始寫部落格一段時間後，有一天，一位在Twitter上認識的部落客向我介紹Google的廣告機制——「Adsense」。自此，我的人生大不相同。單純為興趣而寫的部落格成了收入來源，Twitter則是推進器。

詳情在此略過不提，總之，只要有人看我的部落格，就會轉換成金錢。當然，一開始只是微薄的收入，連零用錢都算不上。每天花好幾個小時寫部落格，一天卻只有數十日圓入袋。儘管如此，這不是公司的工作，也不是打工，「純粹因為想做而做的事」竟能轉換成金錢，這番體驗帶給我強烈的衝擊。

為了寫更多的部落格文章，我整頓生活、空出更多時間（詳細方法將在書中說明）。接著，我開始思考「怎麼做才能讓更多人來看我的部落格？」「這種文章大家會想看嗎？」做了各種嘗試，漸漸地，部落格收入增加到一萬日圓、五萬日圓，之後收入更是高速成長。

而我運氣也很好，一年後，每個月有二十萬日圓的收入；兩年後，每個月有超過一百萬日圓的收入（從那之後到現在，我的部落格收入不曾低於一百萬日圓）。

後來，我大大方方地從厭惡到不行的公司離職，以自由工作者的身分經營部落格。現在，我利用寫部落格所得到的知識開設公司、經營部落格和YouTube頻道，並擔任寫手、顧問，跨足經營共享工作空間等等，展開多元化經營。

在這本書中，我所要傳達的並不是「寫部落格就能改變人生！開始寫吧！這樣大家都能擁抱自由的人生，賺大錢！」很遺憾，這不是「只要模仿我，大家都會大成功！當大富豪！」的那種書。老實說，運氣也很重要。

當然，讀者之中應該也會有和我一樣適合成為部落客的人，但就算不適合，也不必擔心。經營部落格只是其中一種方式而已。

透過這本書，希望你能了解到，平凡人如我是怎麼發起微型革命，讓生活變得更富裕的，在這個過程中，我是「如何思考」且「著重於什麼事」。你不需要全盤接受或完全模仿，但至少，如果你讀到覺得「這想法還不錯」的部分，請務必將其應用到你現在的生活中。

我相信這麼做，對你的「翻轉人生計畫」一定會有所幫助。

Contents

第2章 平凡人的副業革命

第3章

第4章 平凡人的金錢革命 169

第5章 平凡人的傳播革命 189

※ 本書中的數據、情報，是基於二〇二一年二月當時的資訊寫成。
※ 本書的產業分析等資訊皆基於日本當地的情況，因此編輯上保留日圓的幣值不做換算。如有需要，可以一日圓等於新台幣〇．二五元換算。

裝幀插圖&內頁漫畫：福田玲子
內頁插圖：しましまいぬ
裝幀設計：小口翔平＋奈良岡菜摘（tobufune）
版型設計：Isshiki（青木奈美）

第1章

平凡人的生活革命

1 帶來金錢的時間鍊金術

不管是上班族時代還是現在，我都很不擅長打電話。有多不擅長呢？如果是第一次電訪的對象，我會先在筆記本上寫下待會要講的對話內容，反覆推敲，一定要看著筆記本才敢打這通電話。直到最近，我才驚覺一般人根本不會這麼做。

比平凡人還平凡的我，因為選擇了「自由的工作方式」，收入比上班族時代多了好幾倍，甚至好幾十倍。在這一章，我會先從生活面開始說起，為展開翻轉人生計畫打好基礎。

無論是經營副業或部落格，平凡的我們最迫切需要的就是「時間」。只有少部分的天才，就算不花時間也能成功。反過來說，平凡人要成功，時間絕對不可或缺。

所以這本書才會從「生活」開始講起。當我們開始一項新事物時，首要之務不是獲得什麼了不起的知識或教材，而是「時間」。為此，我們必須重新檢視我們的「生活」。

常有人對我提問或找我諮詢，其中最常遇到的問題就是「我忙到沒時間經營副業」。特別是一邊在公司上班，一邊挑戰副業的人，或是平常要照顧小小孩的主婦，常來找我商量這個問題。

確實，平常就已經夠忙了，要怎麼開始經營副業……關於「時間」的問題，我的回答永遠是：

能否先戒掉「任何一件」現在正在做的事？

把「空出的時間」用在副業上！

要開始一件事，必須先戒掉另一件事

現代社會，大部分的人每天都很忙錄。工作或上學、家事或育兒、興趣或才藝課程，還有追劇、打電動，再加上看漫畫……每天已經被填滿，要再抽出時間經營副業或投資自己實在不太可能。

一天就二十四小時，在忙錄的日常中，就算突然興起展開副業的念頭，第一個問題自然是「沒時間」。想要空出時間，就必須先戒除你一直以來習慣做的某件事，例如：

- **戒掉通勤時漫無目的地滑手機**
- **戒掉午休時趴在桌上睡覺**
- **戒掉看電視、打電動**
- **戒掉聚餐**
- **戒掉毫無節制地泡在社群媒體上**

諸如以上這些例子。就算生活忙碌，藉著「不做這件事也沒關係」、「減少花在這件事上的時間吧」，這麼做的話，應該就能生出時間來。空出的時間，就投資自己的未來吧。

不過，我不推薦削減睡眠時間。要是把身體搞壞，也別想經營副業了。

設計戒除壞習慣的小動作

為了生出時間來從事副業，有些人會下定決心：「好！從現在開始我不看電視了！」但是很遺憾，這種決心一點意義也沒有，因為大部分的人都是寬以律己（我也是……）。

在下決心的瞬間，我們的意志都很堅強，但是當隔天拖著疲憊的身體下班回家，心想「今天也努力了一天」，然後拿一罐啤酒，打開電視。「啊，副業……」就算這時突然想起前一天的決心，也會安慰自己「今天都這麼累了，明天再開始吧。」結果就是一再的「明天」、「明天」……始終沒有開始。

重點不是決心，而是行動。想戒掉看電視，就必須為此採取具體的行動。很多人都以為，要改掉某個壞習慣，只要意志夠堅定就行。但這根本大錯特錯，只要是人，都是寬以律己，光靠意志力很難改變根深蒂固的習慣。我們需要的不是意志力，而是「行動」。不是下定決心就好，而是要**採取能支持我們戒除習慣的行動。**

舉例來說，想要戒除看電視的習慣，不能光是用想的，直接拔掉插頭吧。這麼一來，當你想看電視的時候，就必須重新「插上插頭」。這個小動作就像一座堤防，能讓你多想一下，決定「還是不要看好了。」

如果想戒除打電動的習慣，就把遊戲機都裝箱，收進抽屜裡。如果花太多時間在Twitter等社群媒體上，每次看完就登出，並刪掉手機上的應用程式。如果花太多時間看YouTube，就下載限制使用時間的應用程式。像這樣，以具體的行動來輔助我們戒除壞習慣，成效就會大幅提升。決心什麼的，其實意義不大。

不光靠意志力，而是**設計能幫助我們遠離壞習慣的小動作，這才是重點。**

這麼一來，空出來的時間就可以用來經營副業。一開始會覺得辛苦，但只要養成習慣，當經營副業變成「日常習慣」，就不會覺得痛苦了。

訂立可掌控的目標

要達成一件事，訂定目標很重要。努力卻沒有終點，沒有比這更痛苦的事了。有終點，也就是有明確的目標，我們才能為此努力。

雖說有些人沒有目標，也能「不知不覺就水到渠成！」但這不是平凡人能輕易達成的境界。想成功，請務必訂定目標。

設立目標時，還有一點需要留意。那就是，要**以「自己能掌控的數字」為目標。**

以經營部落格為例，許多人會以瀏覽量或部落格收入為目標，但我不建議這麼做。不妨從「投入的時間」或「發文量」來訂定目標。

比如「一個月達到一萬瀏覽量！」這種目標，不管自己多努力，達不到就是達不到。瀏覽量不是自己能控制的。

但如果是投入的時間或發文量，只要努力就能達成。

2 爲革命做好準備的四步驟

不光是寫部落格，開始任何新事物，我都建議設定時間目標，例如「每天花一小時〇〇」。習慣了以後，再設定發文量等產量上的目標就好。畢竟我們都會遇到難以專注或卡關的時候，只要設定好時間，就算進展緩慢，「好好努力一小時」總是可以達成的，就看你要不要做而已。當然，散漫地度過一小時也沒有意義，不過在副業或念書成為「日常習慣」之前，設定好時間目標，接下來就會比較順利了。

一小時這個時間目標，必須從現在的生活中設法生出來才行，**將你認為「可以減少」的時間（例如滑手機的時間、看電視的時間等等）重新分配在副業或自我提升上。**

如果一小時太困難的話，三十分鐘、十分鐘也都可以。只能抽出十分鐘的人，和願意花一小時的人，成長速度自然無法相比，但也比始終沒有行動好太多了。

我們可以透過以下四步驟，為副業找出時間：

①**決定每天要花多少時間在副業或自我提升上**
②**為撥出需要的時間，從現在的生活中找出可以不做的事情**
③**為戒除那些的事情，採取輔助行動（拔插頭、收遙控器、裝箱等等）**
④**將空出的時間用在人生革命上，發展副業、投資自己**

成功的人，必定都投入了「時間」

雖說花了時間並不一定會成功，但不花時間，肯定不會成功。

上了軌道之後，花在副業上的時間就可以縮短。要是因此看到成功的人在社群媒體上總是展現出優雅生活的樣子，就以為「花點時間就能輕鬆賺錢」，那可是大錯特錯。現在花點時間就能賺錢的人，都是靠著過去不眠不休的努力，才有現在的基礎。

我在上班族時代也是每天至少花三小時在經營部落格，在我離職前，一直持續這樣的生活，兩年半累積超過二千五百小時在寫部落格上。

雖不至於要求「你也要做到這樣才行！」，但平凡人要增加副業收入，絕對需要花時間。

然而，在從事正職的同時，還要花時間長期經營副業也很辛苦，如果做得不開心也無法長久。因此，一開始在覺得「好玩」的範圍內進行也無妨，慢慢地、穩定地前進吧。

為革命做好準備的 4 步驟

STEP1　為目標設定所需時間

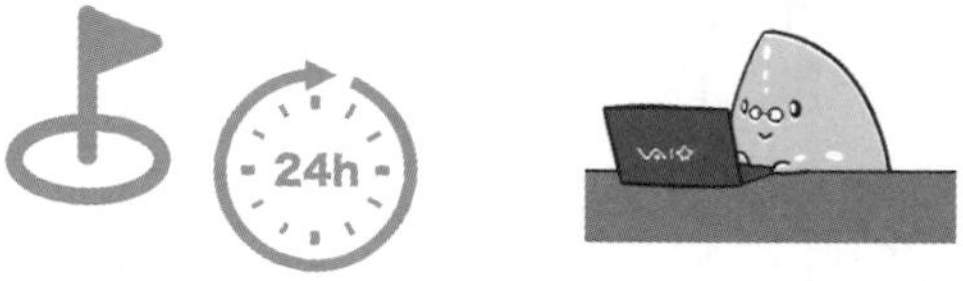

STEP2　列出可以不做的清單

- 看電視時間
- 打電動時間
- 滑手機時間

STEP3　為戒除而採取輔助行動

- 看電視時間 ➡ 拔插頭
- 打電動時間 ➡ 把遊戲機收進抽屜
- 滑手機時間 ➡ 刪掉應用程式

STEP4　有效利用空出的時間

- 讀書以擴展視野
- 學習以提升技能
- 經營副業以增加收入

3 晨型生活，幫助你維持良好狀態①

雖說每個人的睡眠模式是與生俱來的，不能一概而論，但為了有效利用空閒時間，我推薦大家展開晨型生活。

離職後，有段時間我過著日夜顛倒的生活，下午三、四點才起床。有天，我突然想挑戰一個月早起看看。

但完完全全是夜貓子的我，不可能光靠一股幹勁就早起。我閱讀了大量有關睡眠的書，並參考經過實證的方法來身體力行。

我參考的書中，特別推薦西野精治的《最高睡眠法》（悅知文化出版），這本書在日本甚至還有漫畫版。

那一個月的挑戰期間，我早上五點到七點之間就起床。在那之後，雖然起床時間有稍微晚一點，但日夜顛倒的情況幾乎沒有再發生過。

生活從夜型轉換到晨型，讓我學了很多，也產生了各種變化。那麼，要從夜型人切換到晨型人，有什麼訣竅呢？

只要掌握一個訣竅，任何人都能早起

關於早起的方法，查詢一下就會出現一堆資料。上網搜尋，應該很容易看到以下的方法：

- **晚上泡澡**
- **睡前三小時不進食**
- **睡前避免手機、電腦等螢幕藍光**
- **運動**

減少咖啡因、酒精的攝取量

確實，就提高睡眠品質來說，這些方法或許有效……但是說老實話，如果這麼簡單就能早起的話，我們根本不必那麼辛苦！像我們這種鐵錚錚的夜型人，可沒有「泡泡澡就會想睡」那麼好的體質。

但這樣的我，也找到了早起的方法。

只要掌握一個訣竅，任何人都能早起。

那就是：**晚上早點睡就對了。**

從早起開始是不可能的

想要早起，很多人會從「好！我明天要六點起床」開始，但這麼想就錯了。

當你專注於起床時間的時候，就已經步向失敗。就算勉強早起，也不會有體力。

總是凌晨一點睡覺、八點起床的人，如果不改變就寢時間，就決定「明天要六點起床」，睡眠時間就足足少了兩個小時。

這麼做是很痛苦的，一整天都會很想睡。

睡眠不足，不只人容易生病，工作效率也會變低。原本早起的目的，應該是為了健康、有更好的工作表現才對。

要是因為睡眠不足而腦袋發昏，不僅不利於健康，也無助於工作。

當然，如果只是一、兩天那還可以。因為旅行或有特殊活動需要早起，少睡幾小時也沒關係。

但長期都這樣，那可不行，會搞壞身體的。

我們的重點不應該放在起床時間，而是「就寢時間」。想要早起的話，早點睡就對了。

夜型人要早起的唯一方法，就是早點上床睡覺，如此一來，你就算不想，也會早點醒來。

你可能會這麼想「這是在說什麼廢話？」但請聽我說。大家為了早起，晚上十點就早早躺進被窩，而這樣的結果卻是——

「完全不想睡！」⬇「睡不著！」⬇「實在睡不著，看一下手機好了！」⬇「二點了！」⬇「早起失敗！」

不知大家有沒有這樣的經驗？至少我總是如此。

對夜型人來說，晚上十點根本一點都不睏，不可能躺進被窩就睡著。要解決這個問題，我建議「準備一天的時間來切斷夜型循環」。

用一天的時間來切斷夜型循環

早上早點起床，晚上自然會早點想睡。反過來說，早上睡到很晚，晚上當然不容易入睡。想要切換成晨型生活，就必須擺脫這種夜型循環。這就像先有雞還是先有蛋的問題一樣，要切斷循環，必須下猛藥。

也就是說，想從夜型生活轉換成晨型生活，請先犧牲一天的時間。像是我為了在晚上七點就寢，前一天就乾脆不睡了。當然，那一整天會工作效率低落，什麼事也做不了。光是要撐住不睡，就已經耗盡所有力氣。

但如果你不是極端的夜型人，應該也不需要做到這種程度。

總之，最重要的是早點就寢。

如果希望每天早上六點起床，不要以早上六點為目標，而是從起床時間往前推算，決定你要幾點上床睡覺。這才是最重要的。

4 晨型生活，幫助你維持良好狀態②

我在上一節分享了早起的訣竅。

接下來，我想說明早起的好處。

以晨間活動取代夜晚的無意義行爲

我長期過著日夜顛倒的生活，所以我很清楚，夜晚總是快樂的，可以打電動、看漫畫，可能有些人還會覺得「不想失去這種快樂時光」。

但晚上做的事，早上一樣可以做。

喜歡打電動的話，早上一樣可以打。想看 Twitter，那就在早上看。整理房間、看 YouTube、追劇……全都可以挪到早上做。

我們很容易覺得「早上很忙，沒時間」，但透過早睡早起，就能把時間集中在早上。早點起床，早上便有充裕的時間，如果有想做的事，早上空閒的時候做就好。

這裡有一個重點，**我們晚上想做的事，常常到了早上就變得不想做了。**

睡前不自覺地瀏覽手機相簿，我想大家都曾有這樣的經驗吧。但要你早起做這件事，你一定不想。也就是說，這些事情不做也沒關係，更進一步來說，這些事情對你的人生而言，優先順序是次要的。**當我們轉換成晨型生活，就能減少優先順序居於次要的行為（瀏覽 Twitter、YouTube 等），並確保必要的睡眠時間。**

當然，如果你早上起床還是很想打電動，那就打吧，一開始先這樣沒關係。但一定要嚴守就寢時間，這點非常重要。「難得早起一小時，卻都在打電動」，就算結果是這樣也無妨。**要是因為太想打電動而晚睡，那才是大問題。**

不過，早起之後，夜晚的習慣很少會直接轉移到早上進行，因此你大可放心。只要你試著早起就會知道。

早起，掌握人生的主導權

「藉由早起，奪回人生的主導權。」這是古川武士《為什麼我們總是起不了床？》（風和文創出版）書中的一句話。我完全認同。

早起可以說是在人生中採取「攻勢」。這麼說並不誇張，**在自己決定的時間起床，是以自力掌握人生的第一步。**

舉例來說，早上九點上班，要是八點沒起床就會來不及，因此設了好幾個鬧鐘……這是為公司而起床，不能說是自己掌握了人生的主導權，甚至幾乎是為了公司而活。

當然，用起床時間概括到人生是有點極端的說法，但是，自己決定自己的行動，也就是掌握人生的主導權，是非常重要的事情。

反過來說，只要是自己的決定，早起或晚起、夜型或晨型，其實都可以。只要你是為了保有自己的時間，憑個人的意志起床。憑個人的意志決定行動，並且憑個人的意志實際採取行動，這才是重點。

然而，現在的你可能是為別人而活，甚至是為公司而活……如果你有這種感覺，擺脫現況的第一步，就是試著早起。

這麼一來，你一定能體會到掌握人生的主導權是什麼感覺。

「人生的主導權」聽起來好像事關重大，但其實早起就算失敗了也不會怎樣，因此請務必挑戰看看。

首先，憑你個人的意志，試著比平常早一個小時就寢，早一個小時起床。然後，利用這早起的一小時，做一些人生中更為重要的事。只要這麼做，人生就會開始大幅改變。

爲了早起，你應該做的事

無論如何，絕不睡回籠覺

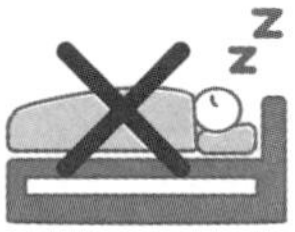

要是真的睡眠不足，與其睡回籠覺，
不如中午午睡休息一下

把鬧鐘放遠一點

只要能離開棉被，你就贏了

準備好享受晨間時光

早餐可以買自己喜歡吃的東西，
強化起床的意志

寫下早起的好處，放在醒目的地方

建立明確的目標，可以激發動力，
讓自己好好努力

訂立規則

例如早上起床就先喝一杯水，
建立起床後的習慣

5 一早就有神級表現的簡單方法

再讓我說一些關於早晨的事。都難得早起了，你一定會希望能有效利用晨間時光。一日之計在於晨，你怎麼度過早晨，將大大左右一整天的生產力。而人生是一天一天累積而成的，因此可以說，怎麼度過早晨，將決定人生的品質。

為了度過有意義的一天，以下我會介紹從一早就提升表現的方法。

攝取水分

早上起床，先喝一杯水吧。我建議喝常溫的水，不要喝冰水。

很多人早上一起床，習慣來杯黑咖啡，或是拿鐵、紅茶等等，但最好都先喝一杯水。如果想喝咖啡，先喝完水再喝。

起床先喝一杯水，好處多多。藉由攝取水分，讓腸胃動起來，幫助排便順暢，也促進血液循環。而且肚子一餓，體溫也容易升高。總之，光是喝水，就能帶來這麼多好處。

應該很多人都聽過以下說法，人在睡覺時流汗會流失約一杯分量的水。就算是冬天也會流失掉約一杯的水分，夏天的話更多。為了補充睡眠時流失掉的水分，建議早上一起床就先喝水。

順道一提，許多關於睡眠的書籍都建議大家喝溫開水，也就是水煮滾後自然冷卻的水。

也許溫開水比較好，但我覺得很麻煩，所以只喝一般的常溫的水。如果你早上沒時間煮水，並等它放涼，那麼喝常溫的水也沒關係。就算不是溫開水，有喝總比沒喝好。

利用晨光，打造晨型生活的循環

沐浴在晨光下吧。

早上曬曬太陽，有助於調節生理節奏。講到睡眠，一定會提到兩種神經傳導物質——血清素（Serotonin）和褪黑激素（Melatonin）。而晨間的日光浴，會大大影響這兩種賀爾蒙的分泌。

早上曬曬太陽，不僅有喚醒的作用，也能為夜晚的睡眠做好準備。早點起床，沐浴在晨光下，能讓腦袋一下子清醒，當天晚上也能早點入睡。這麼一來，隔天你也能順利早起，然後曬曬太陽讓頭腦清醒，晚上早點入睡……如此就能建立早睡早起的正循環。**要實現晨型生活的作息，陽光不可或缺。**

不過有一點要留意，雖然起床以後沐浴在晨光中很重要，但被陽光曬醒可不是件好事。

儘管被晨光喚醒，聽起來好像蠻健康的？比如聽到小鳥鳴叫，陽光穿過窗簾的間隙灑進來，喚醒了你……這樣可不行。

太陽升起的時間會隨著季節變化，冬天比較晚，夏天比較早。因此若隨著晨光起床，會讓我們的生理時鐘混亂。如果是原始時代，跟著太陽日出而作，日落而息，不會有什麼問題。但對講求時間的現代人來說，是行不通的。

雖然有人主張「睡覺時打開窗簾，讓陽光照進來，自然就會醒來」，但這麼做會破壞生理時鐘的節奏，我不建議。

我反而建議使用遮光窗簾，阻斷晨光。不要讓從窗戶透進的陽光成為你起床的信號，這樣會比較好。自己控制自己起床的時間吧。

6 散步是最強對策

我強力推薦散步，這也是我每天的習慣。我一開始只是想試試看，結果還真的試對了。除了天候不佳，不得不休息的情況之外，我每天一定會出門散步。

但我不慢跑。想跑的人當然可以跑，我不跑單純是因為跑步太累了。

提升專注力

散步最大的功效，莫過於提升專注力。

早上適度運動，可以讓腦袋和身體清醒過來。

約翰・瑞提（John J. Ratey）和艾瑞克・海格曼（Eric Hagerman）合著的《運動改造大腦》（野人文化出版）一書中提到，運動能促進大腦神經元內部的蛋白質BDNF（神經滋養因子）分泌，有助大腦神經元和血管的生成。

早上曬曬太陽，可以幫助我們重新設定生理時鐘；適度的運動，還可以活化大腦。而且早上散步時，靈光乍現的情況也不少。

分享一個我製作影片的經驗，供大家參考。我有一支觀看次數超過三十萬次的影片「【Cocoon】只要30分鐘，將部落格設計得『有模有樣』的方法【一點也不難】」(https://www.youtube.com/watch?v=4T1d2VkbGM0)。

那時候，我在散步時突然想到：「一個部落格新手會在什麼地方受挫？」接著靈光一閃：「比起文章內容之類的，更基本的問題是什麼？」「或許很多人都有版面設計的困擾？」「但老實說，設計不是最重要的，大家應該不會想花太多時間在這上面吧……」「對了，只要跟著做，就能完成『最基本的樣貌』，製作這樣的影片如何？」於是我就一邊散步，一邊思考影片的整體架構，回到家立刻完成了這部影片。坐在書桌前苦思而不得的答案，常常就在散步時迸出。

解決運動不足的問題

如果平常有運動的習慣還好，但平常沒有在運動的電腦文書工作者，很容易有運動不足的問題。若是自由工作者，連通勤都不需要，就更沒機會動一動了。就算是公司員工，隨著坐在電腦前工作的時間越來越長，應該很多人也會覺得運動量不太夠吧。

前幾天，聽一位自由工作者的朋友說他去按摩，他問師傅：「怎麼樣，還是很僵硬嗎？」師傅跟他說：「這已經不只是僵硬了，再這麼下去，你會無法走路喔。」師傅更建議他：「比起健身，先走路吧。請去散步。」

這是比健身更基本的事。只是走路也行，最好每天走，聽到師傅這麼建議他，我也加強了每天早上散步的習慣，覺得「這樣啊，不走不行呢」。

開始散步之後，血液檢查報告中某個數值下降了……雖然沒有這麼好的事，但你確實會感覺身體越來越好。

坐著一整天真的不行，就算沒有數據證明，身體也會知道。

消除疲勞的積極休息法

積極休息法（active rest）是透過積極地活動身體，藉以消除疲勞、恢復體力的方式。輕度運動有助於消除疲勞、恢復體力，而散步也是一種積極休息法。

運動可以消除疲勞，這聽起來有點不可思議，但疲憊時，與其無所事事地耍廢，稍微活動一下身體，讓血液循環變好，反而能加速體力恢復。要達到這個目的，「輕度運動」是重點，太激烈的運動，會讓人更疲累。

對此我自己也有切身感受，與其一整天待在家裡無所事事，出門散步反而能消除疲勞。

其次，對心理狀態也能有所助益。儘管我不是容易低潮的人，但如果常常情緒低落的話，請務必嘗試晨間散步。

利用有聲書加速學習

我在散步時，會一邊聽有聲書，或是盤整當天的待辦事項、思考今後的長期策略。

剛開始散步時，散步這件事本身還很新鮮有趣，但是漸漸地，就變成了例行事務。因為都在附近散步，就算想改變散步路線也有限。

這種時候，一邊散步，一邊聽有聲書，就不會無聊了。也不知道為什麼，感覺似乎比在家裡聽更容易吸收內容。

整理待辦事項或思考長期策略也是。散步時，感覺頭腦變得清晰，事情可以整理得有條有理，點子也會不斷湧現。

條列了這麼多功效，晨間散步果然是好處多多啊。就當作被騙一次，試試看吧。

不想出門時，做伸展操也有絕佳效果

雖說我推薦大家散步，但也會有碰到下雨天或不方便出門散步的時候。這種時候，可以做伸展操或其他輕度運動。

和緩地運動身體，改善血液循環後，體溫也會上升。

不必到重訓或慢跑的強度，只要稍微伸展身體就足夠了，躲在棉被裡做也沒關係。光是這麼做，就有很大的不同。做伸展操有以下幾個效果：

- **提升免疫力**
- **調整自律神經**
- **提高專注力**
- **有助放鬆**
- **消除肩頸僵硬和腰痛**

剛起床時，身體是很僵硬的。早上利用一點時間，把硬邦邦的身體鬆開來的話，一整天都能保持絕佳狀態。

可以的話，做一套完整的體操是最好的。像日本廣播體操的設計就很棒，一整套做下來，就能伸展到身體的各個部位。

善用早晨的專注力，處理複雜的工作

請盡量在早上做重要或需要創造力的工作。

像是開立單據或回覆信件等等，這種例行性的工作絕對不要在早上處理。這種單純的工作，累的時候再做就可以了。

早晨是一天中頭腦最清醒的時候，建議利用這段時間處理重要但一直拖著沒做的工作，或是進行創意發想。請利用早晨這段時間，**處理「想做」或「不做不行」，卻遲遲未著手進行的工作。**

早晨就像是你的獎勵時間。請用來處理不緊急卻重要的工作，也就是「雖然不是現在就得做，但終究要做的事」，或是你「一直想做的事」。希望你能夠利用這段時間進行對你的人生重要的事情，而不是處理公司的例行公事等等，這種被交付的工作。

以我自己來說，雖然麻煩但做了比較好的事，就像是部落格文章的潤稿和更新，或是學習廣告操作等必要的技巧或技能。

也就是，在早上頭腦最清楚的時候處理「終究要做（儘管麻煩）的事」。

「利用早晨處理重要工作」，只要實際試過就會知道，這其實很能讓人樂在其中。原本覺得麻煩的事情，開始著手去做之後，就會覺得很充實、有成就感，覺得自己「又往前邁進了一步」！

早起的朋友，請務必嘗試在早晨進行對你最重要的工作。你的人生將大大不同，一步步往好的方向前進。

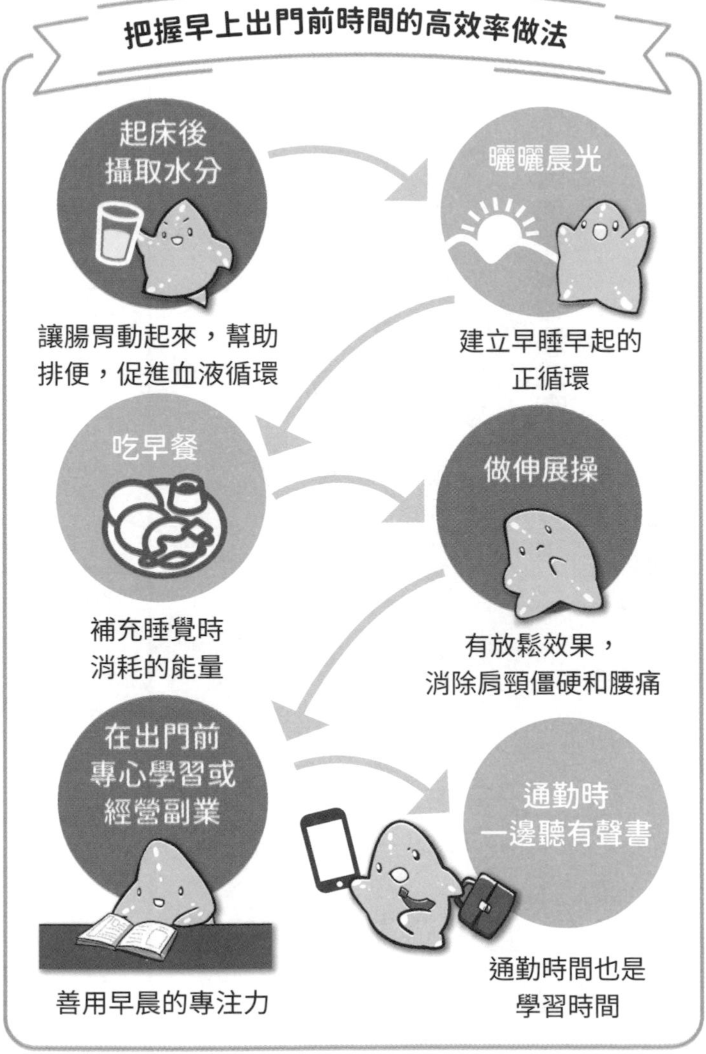
把握早上出門前時間的高效率做法
起床後
攝取水分
讓腸胃動起來，幫助
排便，促進血液循環
曬曬晨光
建立早睡早起的
正循環
吃早餐
補充睡覺時
消耗的能量
做伸展操
有放鬆效果，
消除肩頸僵硬和腰痛
在出門前
專心學習或
經營副業
善用早晨的專注力
通勤時
一邊聽有聲書
通勤時間也是
學習時間

7 獲得實用知識的高效學習法

想靠自己的能力賺錢、想做出改變……要達成這些目標，都必須學習。要兼顧正職或是家事、育兒，還要一邊學習，確實是不容易。好不容易挪出學習的時間，一定要好好利用，不能浪費。以下，就來介紹我推薦的高效學習法。

不用死記！增加知識抽屜的高效學習法

首先「看書學習」，這是從古至今不變的學習法。

當我想學習一個新領域的知識時，也是會先看書。當然，現在只要上網搜尋，就得獲取大部分的知識，但書本將知識做了系統化的整理，所以看書能夠更有效地學習。

而且，書本是透過出版社出版，內容也有一定程度的保證。這裡的關鍵是「閱讀量」，同一主題的書，只少要讀五本。這麼一來，每本書的內容大多會有重疊之處。儘管遇到「又是同樣的內容。」的情況也沒關係，每本書都有的內容，就是這領域最重要、最核心的部分。可以以此為中心，吸收不同作者的想法。

看書學習時，「為了實踐某件事而學習」和「為了學校考試而學習」是不一樣的，理解這點很重要。後者需要死記硬背，前者則無需死記，只要理解內容就行。

如果是為了實踐而學習，在看書的時候，當你讀到覺得重要的地方，可以摺書頁或夾書籤、用螢光筆畫線，做下記號。之後遇到問題時，只要翻閱做了記號的部分就好，可以省下死背的力氣。

持續照著這套方法學習，你的知識抽屜就會不斷增加。抱持著「如果到時候不知道該怎麼做，只要再看一遍這本書就好。」的心態，往後遇到問題也變得容易處

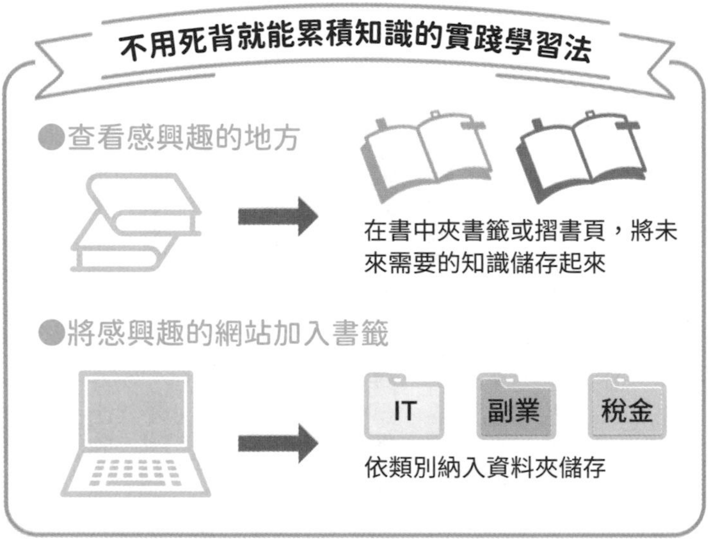
不用死背就能累積知識的實踐學習法
●查看感興趣的地方
在書中夾書籤或摺書頁，將未來需要的知識儲存起來
●將感興趣的網站加入書籤
IT
副業
稅金
依類別納入資料夾儲存

理了。如果不喜歡在書上做記號的話，建議選擇電子書，就可以使用電子書的筆記和畫線功能。

網路學習，推薦活用「加入書籤」功能

實在不想花錢學習的話，我推薦利用網站或 YouTube 學習。

上網搜尋想了解的領域，會跑出各種網站，若從中找到值得信賴的網站、適合自己的網站，就可以學到很多。

很多人對 YouTube 的印象都是

娛樂性質的，實際上現在有各式各樣的 YouTube 頻道，教授專業知識的知識型頻道也不少。當中也有優質的頻道，免費公開的內容不輸市面上的高價教材。

和閱讀書本或電子書一樣，看到「這好像有幫助」的內容，建議**利用加入書籤功能，儲存未來可能需要的知識。**利用資料夾分門別類整理，就能一目瞭然。

舉例來說，關於行銷的主題，就建立一個「行銷資源網站」資料夾，將網站加入書籤。

跟著活躍於第一線的人學習

若有一位讓你「想向他學習」的前輩，那麼在他底下一邊工作、一邊學習，將能獲得大幅成長。

舉例來說，想學習經營部落格，跟著已經在圈子做出成績的人，一邊當他的企畫或寫手，一邊請他教你。也就是以師徒關係接近對方。

當然，如果對方並沒有在招募人手，我也不建議硬是加入團隊。先追蹤對方的

Twitter或部落格，當看到對方需要幫手的時候，立刻積極表達意願，「就算不支薪也沒關係！」具備這樣的行動力是很強大的。

但有一點要注意，不管多麼有幹勁，沒有戰力也不行。就算不領薪，也只會添人麻煩，因此，請先培養最低限度的知識和技術再加入團隊。

NG學習法

接著說明最好不要這麼做的NG學習法。

儘管不能一概而論，還是要視學習內容而定。但如果是要學習經營部落格或聯盟行銷（※推廣者透過與廠商合作，推廣產品並獲得分潤的商業模式）這類使用網路的副業，請停止以下的學習方式：

- **高價聘請顧問**
- **報名昂貴的課程**

請不要用這兩種方式學習。

並不是說所有的顧問或課程都不行。如果你已經試過各種方法，仍無法解決問題，這種情況下也許可以試試看顧問或課程。但如果你是懷著「我什麼都什不會，請從零開始教會我」這種心態，會被當冤大頭的。

我也曾經找過顧問、上過課程，但許多以商業新手為對象的顧問或課程，都沒有針對核心問題，這是事實。

只是內容不夠扎實那還好，有的簡直像是詐欺。

對於這類服務，如果你有能力區別有沒有內容、是不是詐欺，那就沒關係。但這對還是新手的人來說實在不易辨別。因此，在你養成判別能力之前，別付錢給那些高價的講座和課程，才是聰明的做法。

受騙上當的人真的很多，也有許多人來找我訴苦。因為想賺錢才開始副業，結果錢沒賺到，還賠了一大筆，沒有比這更悲哀的事了。容我再三叮嚀，請各位一定要留意。

8 在家工作的便利工具

依照業種的不同，便利的工具當然也會有很大的差異。不過，如果是在家從事副業，大抵都是以電腦作業為主。以下我將介紹在家進行電腦作業時，幾個非常好用的工具。

雙螢幕

首先是數位相關工具。

我強力推薦雙螢幕，也就是電腦連接兩個螢幕來使用。

如果用的是桌上型電腦，就再多準備一個螢幕；如果用的是筆記型電腦，就另外連接一個螢幕。

若是桌上型電腦，桌面上可能沒有擺兩個螢幕的空間，這時如果有螢幕支架就便利多了。

使用螢幕支架，讓螢幕懸在空中（當然不是真的懸空，而是有支架支撐著），就可以確保桌面的空間。少了螢幕的底座，桌面也會清爽許多。因此，可以的話，請為雙螢幕安裝螢幕支架。

有了雙螢幕，就可以擴大作業範疇，工作效率也會明顯提升。

這和更換螢幕或鍵盤比起來，效果好非常多。

就算是便宜的螢幕也沒問題。當然，能用好東西是最好的，但**重點是從單螢幕變成雙螢幕**。比起一台高性能螢幕，兩台便宜的螢幕絕對更好。順道一提，當我使用兩台螢幕後，效率也跟著翻倍，於是我心想：「這樣的話，使用三台螢幕，效率不就可以變三倍嗎！」便嘗試接三台螢幕，結果工作效率只增加二．一倍（因為會變成一直掛在 YouTube 或 Twitter 上）。總之，雙螢幕真的很方便。

降噪耳機（或頭戴式耳機）

接下來要介紹的是降噪耳機。

降噪耳機是透過數位處理消除外部噪音的技術。利用反向聲波，也就是和外部聲音震幅相反的聲波，相互抵消，將聲音變不見。

降噪耳機可以帶來完全的寂靜，有助切換到「好！現在要好好專心！」的工作模式。

至於要選擇入耳式或頭戴式，如果只考慮降噪效果，頭戴式耳機的效果比較好。但如果考量到平常也要使用，那還是入耳式耳機比較方便。

至於具體推薦的產品，基本款有 Apple 的「AirPods Pro」和 SONY 的「WF-1000XM3」。我自己是使用 SONY 的「WF-1000XM3」，再做一些個人化的設定。

桌上型白板

為提升工作效率，我推薦使用桌上型白板。雖然這好像和電腦操作無關，但就是因為無關，反而能和電腦相互搭配。

白板可以記錄待辦事項、整理思緒。當然，這些也都可以在電腦上進行。但實體的白板，在使用上有其機動性。不用打開應用程式，想到什麼就立刻寫下來，也可以隨時擦掉。要畫圖也很容易。而且會常駐於視線範圍內，也是使用白板的好處。

數位工具雖便利，但實體也有實體的優勢。

和電腦並用，更能凸顯出白板的便利性，我非常推薦。

閱讀書架

閱讀書架是讓書可以打開來放置的工具，或稱為譜架。

小學上音樂課時，也會拿來放樂譜，我想很多人都用過這項工具。

操作電腦時，常常需要參照書本。例如參考書中的內容撰寫文章，或是引用書中的文字，像這種需要翻開特定頁面的時候，閱讀書架就非常好用。

可以空出兩隻手來，一邊對照書本，一邊打字。

如果沒有閱讀書架，可能要用手肘壓著書本一邊打字，或是一句一句記下書中內容再打字。有閱讀書架的話就不必那麼辛苦了。

便宜的閱讀書架日系百圓商店也找得到，請務必買來試試。

9 數位游牧的三神器

前面介紹了在家工作的便利工具，接著介紹數位游牧，也就是在外使用電腦工作時，派得上用場的三種實用工具。

可對應SIM卡的筆電

有些筆電插入SIM卡，即可利用行動網路傳送、接收訊息。**就算在沒有Wi-Fi的地方，也能連上網路**，非常方便。

尤其像我以部落格為業，經常利用搭車之類的零碎時間開電腦工作。這種時候，如果是用 Wi-Fi 分享器，還得拿出機器，打開電源……需要多重手續。若能免去這些手續，能節省許多時間。隨時打開筆電，都是已經連上網路的狀態，工作起來相當流暢。

能夠沒有壓力地展開工作，是非常重要的。若是經常在外工作的人，請務必使用可對應ＳＩＭ卡的筆電。

只是，支援ＳＩＭ卡的筆電通常也不便宜。因此，等到副業收入穩定，進入「希望工作更流暢」的階段，再列入考慮即可。沒必要在經濟拮据時勉強購買。

我在從事副業的時期，一直是使用二萬五千日圓就能買到的華碩筆電。就連部落格收入超過一百萬日圓的時候，也是使用那台電腦。

現在，我已經從公司離職，專職經營部落格，使用的是解析度更高、ＣＰＵ表現也更好的筆電（筆電型號 VAIO SX14，要價約二十萬日圓）。當然，也支援ＳＩＭ卡。

今後，要是這台筆電壞了，我還是會買支援ＳＩＭ卡的筆電。

因為實在很方便，經濟能力許可的話，請一定要試試。

筆電支架

接下來，要推薦的是筆電支架。這是能調整筆電高度的工具。筆電擺在桌上，長時間使用下來會很傷身體。因為那是非常勉強的姿勢。許多自由工作者都有肩頸痠痛或腰痛的毛病，我認為就是筆電造成的。筆電支架可以改善使用筆電時的姿勢不良，也有助於筆電散熱。

我現在主要是使用桌上型電腦，但使用筆電時，一定不能沒有筆電支架。使用筆電支架，肩頸周圍明顯感覺輕鬆許多，我強力推薦。

筆電支架有許多種款式，我最推薦的是「MOFT」這個品牌的產品。為確保姿勢端正，筆電需要架起一定的角度。在這一點上，MOFT的高度最合適，而價格約二千到三千日圓，性價比非常高。此外，支架也能直接裝在筆電上，攜帶很方便。平常就將MOFT裝在筆電上，和筆電合而為一，一點也不麻煩。

但我的筆電如果裝上MOFT，SIM卡就會拿不出來，所以很可惜，我現在並沒有使用筆電支架。

購買筆電支架時，一定要仔細確認裝在自己的筆電上會不會有問題。

防窺片

需要在外操作電腦的人，建議安裝螢幕防窺片。

這是讓人無法從斜後方窺見螢幕畫面的裝置。既然都要裝防窺片了，建議買有濾藍光功能的。

安裝方法有各種類型，我推薦磁吸式，而非黏貼式的。因為可輕易取下，平常就卸下，外出時再裝上去就好。

如果是黏貼式的，若貼上後覺得效果不佳，也不好剝除，因此我推薦磁吸式的。想讓其他人看螢幕畫面的時候，或是只有自己一個人的時候，就可以取下防窺片，非常方便。

你可能覺得「其他人看到也無所謂啊……」，但是從安全性的角度來看，為了不被別人看到登入資訊等訊息，我認為還是裝上防窺片比較好。

我的作業空間

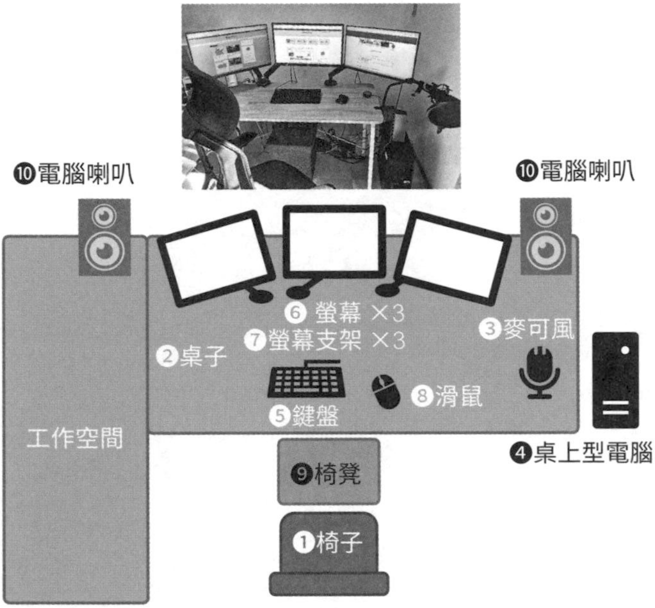

❶椅子：「Okamura Sylphy Office Chair」
❷桌子：「LOWYA L 型工作桌」
❸麥可風：「Marantz Professional MPM2000U」
❹桌上型電腦：「Dospara Monarch FE」
❺鍵盤：「Topre REALFORCE」
❻螢幕：「LG 顯示器 24UD58-B」
❼螢幕支架：「Loctek 雙螢幕氣壓型螢幕支撐架」
❽滑鼠：「羅技 MX2000」
❾椅凳：「IRIS OHYAMA 椅凳 附椅墊」
❿電腦喇叭：「Bose Companion 20」

10 平凡的我們也做得到的任務管理&樹狀思考

兼顧正職和副業的時候，常常需要同時處理多項作業。這種時候，很容易陷入無法掌握任務進度、無法整理思緒的狀態。

以下就來介紹任何人都做得到的任務管理和思緒整理法。

讓任務一目瞭然

人有所謂的工作記憶（working memory），用來短暫記憶動作或作業等的訊息。

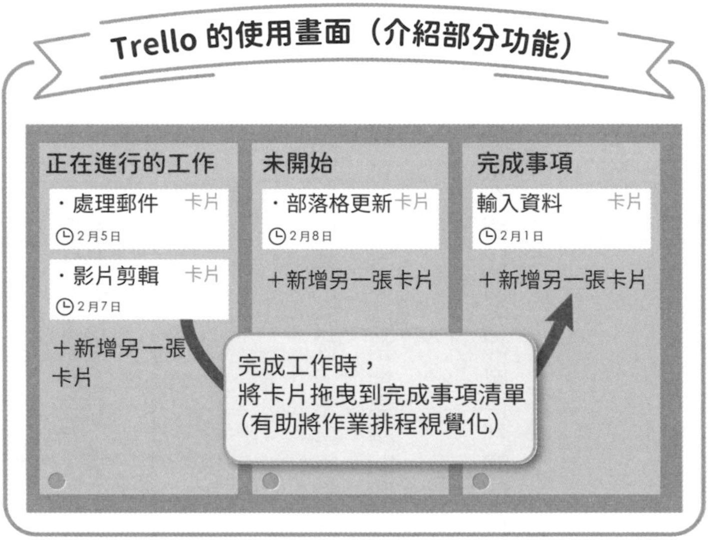

但這種工作記憶的容量很小，當工作量一多，就會不知道要從哪開始。

這是因為工作量太大，無法全盤掌握和記憶所致。有些人可能統一以「待辦清單」和「手帳」來處理所有訊息，但我推薦「Trello」這項任務管理工具。利用Trello，將待辦事項和行程視覺化，還能計測生產力，讓專案有效率地執行。Trello有以下幾個特性：

- **可以從各種角度來管理工作（範例是管理工作進度時的畫面）**
- **讓作業排程一覽無遺（方便團隊**

作業）

- 電腦、手機皆可使用
- 可以製作甘特圖

就算不是馬上要做的事情，也可以設定「總之不能不做」的項目，有什麼計畫就先寫下來。等到「哪天計畫改變，必須調整」時，使用這項工具，就不會忘記這些事情了。

我因為非常健忘，也很粗心，如果沒有Trello，我想我應該無法好好完成現在的工作。

思路也能一目瞭然

我在整理思緒時，會使用「心智圖」。這是英國作家東尼・博贊（Tony Buzan）所提倡的思考呈現方法，將主要議題擺中央，用線串連從這議題聯想到的

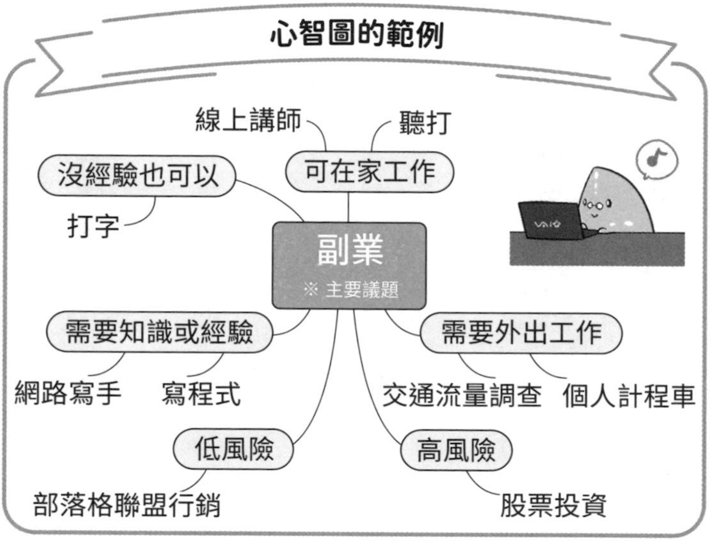

文字、資訊，不斷地細分、展開（參照上圖）。因為寫在紙上很麻煩，我是使用「MindMaster」這個心智圖軟體。MindMaster 提供免費使用的範圍很廣，是我很推薦的工具。

利用心智圖進行思考時，點子很容易發散，要將思考收攏在一頁，就需要反覆閱讀和複習。很適合想提升工作效率和生產力，或是增進理解力和學習力的時候使用。

第2章

平凡人的副業革命

1 十種上班族也能從事的副業！

平凡人想改變人生，就必須靠副業。雖然也有其他改變人生的方法，例如藉由轉職，讓職涯更上一層樓，但這並不容易。相較之下，從事副業，不需要背負高風險，就能踏出改變人生的第一步。

二〇一八年，日本厚生勞動省宣布「副業解禁」（※請參照第一三一頁），因此日本職場中從事副業的人逐漸增加。在各位身邊，也許你的同事、學生時代的朋友，就有人在經營副業。應該有不少人起了「我也來從事副業好了。」的念頭吧。

雖說都是「副業」，但希望一個月賺三萬日圓的人，和希望一個月賺十萬日圓以上的人，所選擇的副業有很大的差別。

在選擇副業時，請先思考以下幾點：

- **自己每個月可投入的時間**
- **自己每個月可投入的金錢**
- **自己已經具備的技能**
- **將來是否自立門戶**

因為網路的普及，上班族可以從事的副業種類一下子增加許多。有的副業不用花錢，但要花時間；有的副業則是要花錢，但不太需要花時間。此外，有的副業適合自立門戶，有的副業則不然。

當然，在一開始抱持「這好像很有趣！」「我想試試看！」的想法很重要。但若真的要投身其中，還是先思考過上述的幾個問題比較好。

以現在的狀況，自己可以做什麼、能做到什麼程度、想藉由副業改變什麼，請在這些基礎之上，好好思考要選擇什麼副業。

10 種上班族也能從事的副業

職業	風險	預估收入	特性	適合的人	不適合的人
部落格聯盟行銷	低	～100萬日圓以上	・初期成本低 ・可活用個人興趣和技能 ・收入無上限	・腳踏實地工作的人 ・喜歡展現自我的人	・需要現金的人 ・怕麻煩的人
網站寫手	低	～15萬日圓左右	・可接自己感興趣領域的案子 ・能夠以自己的步調接案 ・可確實賺到錢	・想活用自身技術和經驗的人 ・想自己掌控工作量的人 ・想確實賺到錢的人	・沒有電腦的人 ・不擅長打字的人
影片製作	低	～100萬日圓以上	・初期成本低 ・可活用個人興趣和技能 ・收入無上限	・腳踏實地工作的人 ・喜歡展現自我的人	・需要現金的人
Uber Eats	低	～15萬日圓左右	・可自由決定工作時間 ・可作為運動 ・效率高的話，時薪可達二千日圓	・想活用空閒時間的人 ・喜歡活動筋骨的人	・不住在都市的人 ・不擅長體力活的人

我個人是不太推薦……（不動產投資、外匯投資、定期定額投資、股票投資）

單次臨時工	低	～5萬日圓左右	・可在空閒時工作 ・沒有人際關係的困擾 ・沒有排班的問題	・只想花一點時間做副業的人 ・需要現金的人	・想做安定工作的人 ・想獲得高收入的人
商品轉賣（拍賣）	中	30萬日圓左右	・不需要技術 ・可仿效他人模式 ・可快速獲得收入	・有資金的人 ・對流行和增值市場敏感的人	・沒有資金的人 ・對商品沒興趣的人
股票投資	中	不確定	・有機會大賺一筆 ・也有機會大賠	・想賺大錢的人 ・喜歡研究企業的人	・敏感型的人 ・缺乏決斷力的人 ・沒有資金的人
定期定額投資	中	不確定	・由AI自動操盤	・想交由他人操盤的人 ・沒時間操作交易的人	・想自己操盤的人 ・沒有資金的人
外匯投資	高	不確定	・有機會大賺一筆 ・也有機會大賠	・想賺大錢的人	・沒有資金的人 ・敏感型的人
不動產投資	高	不確定	・有被動收入	・有大筆資金的人 ・具不動產相關知識的人（或想學習的人）	・缺乏資金的人 ・敏感型的人

前頁的表格，介紹了十種上班族也能從事的副業。與在公司上班不同的是，以個人身分工作，將伴隨著或大或小的風險。表中列出了各種副業的風險、預估收入、特性、適合的人和不適合的人，在選擇副業時，可以用來參考。

低風險的副業

■ 部落格聯盟行銷

從事部落格聯盟行銷，一年需要約一萬日圓的成本（租伺服器或網域的費用）。雖然得花上一段時間才能開始獲利，但分享自身經驗或個人的興趣、嗜好，就能帶來收入，可以樂在其中地經營。

對喜歡寫作的人來說，這是兼顧興趣和實際收益的副業。

此外，也有經營部落格聯盟行銷而成為上市公司的案例，收入無可限量。同時也有以個人身分月入百萬日圓的例子。

儘管不是每個人都能賺這麼多，但持續做下去，一個月的收入達到一～五萬日圓並非難事。

網站寫手

為網站或網路媒體撰寫文章的工作。

受經營網路媒體的企業或個人請託，撰寫文章。根據指定的主題或字數、關鍵字等撰寫文章，並在期限內交稿。視案件，也有機會挑自己擅長的領域來撰寫文章。

也有人以網站寫手為正職工作，但基本上多是當作副業經營。入行門檻低，許多人從完全沒經驗開始的。

影片製作

如 YouTube 頻道等，以製作影片為副業的人也越來越多。

商品開箱評論、遊戲實況等，都是很有人氣的主題。

只要有一支智慧型手機，就能完成拍攝、剪輯、發布，初期成本可以壓得很低。是一份很容易區別適合或不適合的工作，但只要是比起寫作更擅長說話的人，應該都適合拍影片吧。

■ Uber Eats

用自己的腳踏車、摩托車等外送餐點的工作。

以日本的情況來說，雖然範圍侷限在東京、大阪、神戶、名古屋這些都會區，但可以在自己想工作的時候工作。

純佣金制，依配送的距離計算，一單大約六百～九百日圓。

剛開始接單時，換算時薪大約一千日圓左右，上手之後，效率提升，時薪可達二千日圓以上。

據說一些高薪者，一天收入有四萬日圓以上。

■ 單次臨時工

有APP可以媒合想活用空閒時間工作的人，以及想雇用臨時工的雇主。

這類APP可搜尋以一天為單位的打工工作。如居酒屋、咖啡廳、辦公事務、活動工作人員、產品測試調查等，有各式各樣的工作。

基本上，幾天就能領到薪水。有的ＡＰＰ在完成工作時就會通知薪資入帳（但需要申請轉帳才能拿到報酬）。

每次都在不同的店家或公司工作，也能省去人際關係的煩惱。

風險中等的副業

■ 商品轉賣（拍賣）

有些東西在不同的通路有不同的售價，可以低價買進，再高價賣出，利用價差賺取利潤。除了國內交易，也可做個人進口，或是利用 eBay 銷往海外，方法很多。此外，有些可以利用網路商店購買，有的則需要實際去實體店面。

利用不同通路的價差，再加上找到好賣的商品，就有機會大賺一筆。

靠著亞馬遜商城（Amazon Marketplace）或 Mercari（※日本拍賣網站）這些簡單便利的平台，就不需要花費心思集客或建立品牌。是不需要特別技術或資質，就有機會賺錢的副業。

不過，進貨還是需要一定程度的資金。當然，從小額開始也行，但資金多的話，進的商品也更多元，會更有利。

這是學生也能做的工作，但商品沒賣掉的話，就會變成庫存。此外，社會觀感也不太好（被覺得是高價轉賣等），這些都是風險。

關於「投資」這個選項

上網搜尋「推薦的副業」，一定會出現「投資」。但我認為，「投資」應該和「副業」區分開來。正因為想分享這個看法，我特別列出了投資這個選項。

投資就像是一種運用所得的方式，不論那是從正職或副業賺來的錢，因此投資本身很少成為副業。當然，花大把的時間做分析，像當沖客（day trader）一樣，每天盯著走勢圖，累積獲利，這樣或許稱得上是副業。但大部分的人實際投資時並非如此。

我在這裡只是簡單做個說明，希望讀者們了解，「投資」和「副業」是不一樣的事情。

股票投資

股票投資，是購買上市上櫃公司的股票，成為資方的一員，可獲得股息、股東優待，或是直接買賣賺價差。

可以透過網路券商，輕鬆開始。

有的投資客，一年能夠賺進以億為單位計算的日圓，但也有人虧損大筆金錢。必須仔細研究企業的消息，學習投資方法。

定期定額投資（自動化投資顧問〔Robo-Advisor〕）

利用ＡＩ操盤投資股票或國債。

適合對投資有興趣，但沒有把握的人，或是覺得自己交易很麻煩的人。

因為是定期定額，放著不管也能進行投資。只不過，請留意手續費比自己買賣要來得高。

■外匯投資

外匯投資是利用匯率浮動賺取價差的獲利方式。特色是可利用保證金進行槓桿投資（以存入的資金為擔保，做大筆金額的交易），少量資金就能做大筆交易。

但這就像一把雙刃劍。不是大勝，就是大敗，要有賠錢時會損失慘重的覺悟。

做外匯投資，如果沒有經過認真學習，就只是「投機」罷了。最好認清做外匯投資是不可能有穩定收入的。很多人一生的就這麼給毀了（請搜尋「外匯　破產」），不要輕易出手才是明智之舉。

■不動產投資

購買不動產，再租給需要的人，靠租金賺取收入，就是不動產投資，也正是所謂的「房東」。

這項投資沒有豐厚的資金是辦不到的，也需要有鑑別不動產的能力，進入的門檻很高。

如果還是很想試試看的話，請不要焦急，先努力學習，再進行投資。

給想在外工作者的副業清單

現場工作

交通流量調查	講座講師
電話客服	投遞傳單
幫忙帶小孩	幫忙銷售
活動工作人員	接送服務
臨床試驗	裝潢工程
事務助理	維修人員
個人計程車	倉庫盤點
神秘客調查員	宅配司機
出租男友・女友	顧問
監考	除草服務

給想在家工作者的副業清單

可在家工作

程式設計	部落格聯盟行銷
翻譯	販售電子書
產品測試調查	網站寫手
聽打	插畫製作
資料輸入	影片製作／發布
設計	線上講師
進口業務	拍賣
架設網頁	手作商品
付費文章	電話客服
群眾外包	LINE 貼圖製作

2

如何找到適合自己的副業

無論是繼續在公司工作，還是以創業為目標，我都強烈建議經營副業，為將來做好準備。

雖說都是副業，但副業也是有各種各樣的工作。我是從寫部落格開始，有些人則是以當寫手或寫程式為副業賺錢。有些人則是以家庭代工的形式，做資料輸入(key in)或一些簡單工作等。

重點是，不要勉強自己，要選擇自己能做的工作。有的工作適合你，有的不適合，若是選到不適合自己的副業，也無法做長久。

選擇副業，先從「讓你感興趣的」開始

不管從事什麼副業，要做出成果，都需要付出相對的時間。也就是說，持之以恆很重要。如果懷抱著「雖然完全沒興趣，但好像能賺到錢」的想法開始，你也無法持續經營，最後根本達不到賺錢的目標。如果你有著強烈的賺錢動機，「我年底一定要賺到五十萬日圓才行！」以投資報酬率來選擇工作，那當然沒問題。但如果沒有這樣的強烈動機，選擇「好像很好玩」、「我有興趣」、「不會痛苦」的副業，才能夠長久維持，也比較容易看到成果。

所謂的副業，就是在正職以外從事的工作。正職已經夠辛苦了，如果副業不能讓你覺得享受，那應該很快就玩完了。

先試試看再說

雖說如此，沒有實際做做看也不會知道。如果連試都沒試過，就認定「自己不

行」，那也太可惜了。實際做做看，如果真的沒辦法，那也是一種經驗。

「只是接觸看看，沒想到之後會派上用場」，我常聽人這麼說。當然，也不可能所有工作都試過，但如果有讓你覺得「這好像有點意思」的事情，就去試試看吧。

現在只要利用電腦和網路，輕輕鬆鬆就能開始副業，而且許多副業的初期成本也很低。

過去從事副業，得和仲介業者面試、辦理註冊；如果不透過仲介，就得自己推銷，自己找客戶。

但現在，不需成本、不用手續，很輕易就能展開副業。因此，如果有讓你感興趣的事，先試試看再說，如果不行就換一個，再不行就再換。在找到適合自己的工作之前，什麼都可以挑戰看看。

「但那樣不就學不到專業，什麼都是半調子嗎？」你或許會覺得不安，但就我所看到的，幾乎每個人都能在嘗試過後，找到適合自己的目標。

如果不知道自己想做什麼，試著自我分析吧

雖說副業要依自己的興趣選擇，但也有人「實在不知道自己對什麼有興趣」、「不知道自己想做什麼」。如果不知道自己想做什麼，建議你做自我分析。透過自我分析，你會知道自己適合什麼工作。如果沒有特別想做的事，就從最適合自己的事情開始吧。試過之後，如果覺得不怎麼有趣，再試試第二適合你的。做過多方嘗試之後，一定能找到「適合自己又很有趣」的工作。

來介紹我推薦的自我分析書。

《發現我的天才》

第一本是《發現我的天才》（*Now, Discover Your Strengths*，馬克斯・巴金漢、唐諾・克里夫頓著／商業周刊出版），這是暢銷全球的自我分析書。

或許有人聽過「能力發現剖析測驗」（StrengthsFinder）。書中針對這項測驗

做解說，透過剖析測驗，幫助你找到自己的優勢。找到自己的優勢，就會知道自己適合什麼。

書中附有一個ＩＤ序號，可以上網進行詳細的測驗。一個序號只能做一次測驗，如果買二手書，序號可能已經被用過了，所以一定要購買新書。

《發現你的天職》

第二本是《發現你的天職》（世界一やさしい「やりたいこと」の見つけ方，八木仁平著／如何出版）。日本藝人中田敦彥在他的 YouTube 頻道「中田敦彥的 YouTube 大學」也有介紹，是一本在日本掀起話題的書。它和過去探索自我的書很不一樣，內容不光是自我啟發，也相當實用。

不會只是讀完後覺得「啊，說得真好」，你會拿出紙筆，一邊閱讀，一邊動手、動腦思考。

我想，不知道自己想做什麼的人應該很多吧。如果是這樣，請參考這兩本書，從了解自己開始吧。

有一點要注意，提到想做的事或自我分析這類話題，有些人會想得很遠大，比如「我要用這一生成就什麼？」擁有這種宏大的目標當然是最好，但能這麼明確找到答案的人少之又少。

「有點想試試看」、「好像有點意思」只是這種程度也沒關係，不需要太勉強自己，輕鬆地嘗試看看吧。

3 不受公司拘束的「自由工作者」

對於在公司工作覺得很苦悶的人來說，自由接案是很有吸引力的工作方式。

聽到「自由工作者」，你對這個職業的印象是什麼？

日本的大型人力派遣公司 Adecco 在二〇一九年進行了對自由工作者的印象調查（https://www.adeccogroup.jp/pressroom/2019/0802）。

針對三百位現任自由工作者，以及三百位對自由工作者有興趣的上班族所做的問卷調查，結果如下。

當自由工作者的缺點

(n=各300，複選)

	現任自由工作者		上班族	
	回答率	排名	回答率	排名
收入不穩定	72.7	1	50.0	1
在社會上信用評分低	42.1	2	20.3	10
報稅手續繁雜	41.3	3	35.0	3
收入減少	36.4	4	31.0	4
工作得自己爭取	36.4	4	41.3	2
福利（進修補助、休閒設施或運動設施的補助等）不完善	28.9	6	15.3	15
年金制度、退休金制度等退休後的保障不如上班族	28.1	7	21.7	7
酬勞得自己交涉	26.4	8	21.7	7
要做出成果的壓力	24.0	9	25.0	6
工作或事業沒有可商量的對象	17.4	10	19.3	11
要不斷學習、提升技術	14.0	11	15.3	15
面對客戶，立場相對薄弱	14.0	11	18.7	12
保險相關轉換手續繁雜	10.7	13	20.7	9
沒有特別辛苦的事	10.7	13	4.3	18
工作時間增加	9.1	15	30.3	5

當自由工作者的優點　（n= 各 300，複選）

	現任自由工作者		上班族	
	回答率	排名	回答率	排名
可以照自己的步調工作	60.7	1	65.7	1
可以做自己想做的事	53.0	2	57.7	3
自行決定工作時間	47.0	3	43.0	5
確保工作以外的個人時間（達到工作和生活之間的平衡）	35.0	4	30.7	9
想磨練自己的技能和經驗	31.3	5	56.7	4
想活用專業技術和證照	29.3	6	19.0	13
沒有職場人際關係的壓力	28.7	7	29.0	10
不想被一家公司束縛	23.3	8	20.3	12
想測試自己的能力	21.3	9	32.0	8
想選擇工作的區域或場所	18.7	10	26.7	11
工作不受年齡（年資）限制	16.7	11	35.0	6
想增加收入	16.0	12	63.7	2
想增廣見聞	14.3	13	33.7	7
工作的範圍和責任明確	12.0	14	15.3	14

出處：Adecco 調查

關於當自由工作者的優點，自由工作者和上班族的回答，第一名都是「可以照自己的步調工作」；第二名，自由工作者的回答是「可以做自己想做的事」，上班族的回答則是「想增加收入」。

至於缺點，第一名都是「收入不穩定」；第二名，自由工作者的回答是「在社會上信用評分低」，上班族的回答則是「工作得自己爭取」。

此外，詢問現任自由工作者今後希望以什麼樣的方式工作，77．3％都回答「想繼續當自由工作者」，回答「想當上班族」的只有4．3％。詢問對未來的不安，回答「持續確保客戶（工作）」的最多，占41．3％。

另一方面，詢問上班族「只想以自由工作者的身分工作」，還是「以上班族的身分工作再額外接案」，有71．0％回答後者。想當自由工作者的理由有「希望獲得比上班族更高的收入」，占39．7％；回答「希望有複數收入來源，擁有穩定的經濟狀態」者，占36．3％，排在前面的都和收入有關。

對於自由工作者的工作方式，現任自由工作者滿足於「工作自由」，上班族則對自由工作者的收入無上限很感興趣。

「工作自由」和「收入」，這兩點可以說是自由工作者最吸引人的地方。

自由工作者的優點和缺點

自由工作者的工作方式，和在公司工作完全不一樣。從優點來看，那是很吸引人的工作方式，但優點的背後，也正是它的缺點。

■自由選擇工作時間和場所

當自由工作者的優點，首先就是「自由」。因為是「自由」工作者啊。

要在哪裡工作、什麼時候工作都可以，這是自由工作者的特權。不需要在上下班時間擠電車，也沒有規定的工作時間。

當然也是要看工作類型，但很多只需要一台電腦就可以工作，可以在咖啡廳工作，當數位遊牧民族，或是搬到遠離都會、受大自然環繞的地方，可以用自己喜歡的方式工作。

可以在交通費、住宿費都比較便宜的平日去旅行，或是一邊旅行一邊工作……這些都能實現。

〔但反過來說……〕

可以自由選擇工作時間和場所，也是缺點。

因為隨時隨地都能工作，常常會覺得被工作追著跑，不能好好放鬆……也有許多人會陷入這種情況。

因為旅行時也能工作，只要一想到「啊，那件事不做不行」，便打開電腦開始工作。難得的旅行也變得無法好好享受。

■可以只做自己喜歡的事

可以選擇工作，只做自己喜歡的事，避開討厭的事。因為是自由工作者，才能容許這麼做。

〔但反過來說……〕

可以選擇工作是優勢，但要是沒有技能，就什麼也做不了。此外，如果老是靠那一項已具備的技能工作，就不會成長，因此主動持續進修的心態很重要。

■沒有人際關係的壓力

人際關係的煩惱可以大幅獲得減輕。

如果在公司工作，要是部門裡有討厭的人，工作時也避不掉交際。但如果當自由工作者，就不需要勉強自己和不喜歡的人往來。

〔但反過來說……〕

因為沒有固定的人際關係，也不會像在公司裡有上司或前輩指導。因為沒有同事，如果自己不積極地與人交流，就會陷入孤立。

■只要努力工作，收入就會增加

自由工作者只要努力工作，收入就會相對地增加。

如果是受制於公司規定，只領固定薪水的上班族，工作再怎麼努力，收入也有上限。

而自由工作者的收入是沒有上限的。順利的話，收入會不斷攀升。

〔但反過來說……〕

雖然沒有上限，但也沒有底薪。扣掉付出的成本，最終還虧錢，這當然也是很有可能的狀況。

不像上班族每個月穩穩地領二十萬、三十萬日圓，自由工作者面臨的是，有可能會虧錢，也有可能收入破百萬日圓。

4

在最短時間內賺錢的三個步驟

經營副業，一開始是最辛苦的。因為不知道該做什麼、要怎麼做，工作效率非常差，遲遲沒有進展。

只是做一點點事情，就花掉大把時間，換算成時薪的話，幾百日圓都不到，這種情況絕對不少見。如果是以經營部落格或 YouTube 為副業，一開始的幾個月賺不到一萬日圓也是家常便飯。

我自己經營部落格也是足足花了七個月，才達到月收五萬日圓。這七個月的時間，絕對不是因為我偷懶。在月收達到五萬日圓之前，我每天花至少三小時在部落格上，週六和週日更是工作大約八小時，算下來等於工作了六百三十小時。

在遲遲看不到成果的情況下，要繼續下去真的很痛苦。實際上，**絕大部分的部落格在開設的一年之內就停止更新。**

不管是接案工作，或是經營部落格、YouTube，都必須度過這段痛苦耕耘的時期，否則將無法靠副業賺錢。

既然如此，我們必須盡可能縮短這段痛苦的時間。接下來，就來介紹讓副業快速上軌道的幾個重點。

5

STEP 1 確保作業時間

我在第一章曾提過，經營副業很重要的一點就是確保作業時間。平常的正職工作已經很耗費時間和體力了，經營副業還得另外從事全新、不習慣的工作。

實際上，副業並非一天花個三十分鐘的空閒時間就能賺錢的易事。不論是副業或正職，都是嚴厲的商業世界，這一點並沒有變。

在我自立門戶以前，平日至少會花三小時，假日沒有其他事情的話，會花八小時在副業上。為了生出時間來，我做過各種努力。以下就來介紹當中特別有效的幾個方法。

這樣就完美了！三大省時妙招

■重新檢視固定花費的時間

在我試過的各式省時方法中，最有效的就是搬家。

我後來是搬到公司附近，大大省去了通勤時間。具體來說，過去單程要花近一小時的通勤時間，變成只要五分鐘左右，真的讓我有多餘的時間可以從事副業。出了公司，十分鐘後就能在家開始做副業的工作，早上出門時間也能晚一小時，就算前一天工作到晚一點，也不會減少睡眠時間。

我想，應該有許多人會因為各種因素而無法搬家，但如果你每天要花一小時以上通勤，請務必考慮看看。雖然搬家很麻煩，也要花錢，但回報是很大的。

■利用便利的家電創造時間

要為了經營副業而搬家，可能難度稍高了些。不過利用便利的家電，也有省時的效果。將家事交給家電自動化處理，不僅省時，也能減少負擔。

例如以下幾種家電，效果絕佳。

- **使用掃地機器人 ⬇ 縮短打掃時間**
- **使用洗碗機 ⬇ 減去洗碗負擔**
- **使用洗脫烘洗衣機 ⬇ 省下晾衣時間**

像這樣利用便利的家電，省下做家事的時間，多出來的時間就可以拿來從事副業了。

■利用簡化和便利工具縮短時間

如果購買這些便利的家電，對你來說還是有困難，那就在生活中運用簡化和便利的工具。下面以用餐為例。

在無損營養攝取的前提下，簡化吃飯的流程，也能節省時間。例如，只煮白飯，配菜就買現成的，或是只做簡單的料理。如果是喜歡享受美食的人，不需要勉強自己簡化用餐；但如果是本來就不重吃的人，簡化用餐，就是在創造副業的時間。

如果想節省料理時間，我個人推薦「義大利麵微波蒸煮盒」這項料理工具。

有效利用零碎時間

只要運用得宜，零碎時間就能化為寶貴的作業時間。你可能會想，短短的時間能幹麼呢？但就是因為時間有限，反而更能專注在工作上。如果還有正職要做，我想很難生出多餘的時間。因此，要有效利用所有的時間，找出時間來從事副業。

■隨時隨地掛念著副業

不是只有坐在電腦前才是經營副業的時間，隨時都要思考副業的事情，這點很重要。

走路的時候、上廁所的時候，隨時都可以進行這樣的腦內作戰會議——「下次要不要試試這麼做？」「下次問問看那個人吧。」。

想一些極端、妄想的事情也沒關係。總之，二十四小時都要思考副業的事情。今後的計畫可能因此成型，或是想到意料之外的點子。

通勤時間

通勤時間是非常重要的副業時間。

我後來雖然直接搬到公司附近，但在搬家之前，我上班要開一小時的車。開車時，我會思考部落格的點子或安排時程。

如果是電車通勤族，也有很多事情可以做。例如閱讀參考書籍、利用手機瀏覽網站等等。如果有位子坐，還可以打開筆電工作。為了可以坐下來工作，早點出門搭早班車，也是有效的方法。早點到達公司附近的車站，在咖啡廳一邊吃早餐一邊工作也不錯。

（補充）晨間活動

早起進行晨間活動吧。

為什麼說這是「補充」呢？因為我當時根本沒做到這點。畢竟我開頭都說要介紹「我試過的方法中特別有效的幾個妙招」了，真不好意思。

但我現在已經轉變為晨型人，很清楚晨型生活的好處。「副業時代如果能好好進行晨間活動，就能更有效運用時間……」我帶著自省的心寫下這一條，真的大力推薦晨間活動。

6

STEP2 不要埋頭苦幹，落實PDCA循環

在職場上應該很多人都聽過「PDCA循環」這個詞，PDCA是指Plan（計畫）→Do（執行）→Check（確認）→Action（改善）這四個階段。最後的「Action」結束後，再回到下一輪的「Plan」，不斷重複PDCA循環，持續改善工作流程。

不能只是重複同樣的事情

聽到要「一步一步地努力」，有些人只會一再重複同樣的作業模式。我一開始也是這樣，只是每天更新文章。什麼也沒多想地工作，在剛開始時也能有所收穫，

像是「原來，按這個鍵文字就會加粗」。剛開始投入全新的領域時，你所做的每一件事都會成為學習，因此，什麼也沒多想地工作，也不會有問題。

但毫無策略的埋頭苦幹，很快就會碰到天花板，不再成長。不管做什麼都能學到東西的新人時期，並不會一直持續下去。

鎖定目標再做事

PDCA的P是「Plan」，我們不是將一件件工作處理完就好，而是要以「這工作用〇〇方法試試看」為出發點做計畫。然後實際去做（Do），評估結果（Check），如果有缺失，再思考改善方法（Action）。如此反覆循環，慢慢提升工作成果和收益。

以我為例，為了讓大家來看我的部落格，我一開始思考的是「怎麼做才能爆紅」（「爆紅」是指在社群媒體上成為話題）。我邊想著「這樣做會爆紅嗎？」嘗試了各種方法，然而「爆紅」這種事卻完全沒發生過。偶爾有一點話題，卻無法延續下去。這時我學到的是**「爆紅是模仿不來的」**。

了解到這一點之後，再繼續進行追求爆紅的ＰＤＣＡ也沒有意義。除了在社群媒體上引發話題，我開始尋找其他吸引讀者的方法，而我找到的方法是「靠搜尋吸引人點擊閱讀」。大家遇到問題的時候，都會利用Google搜尋吧？我的目標是讓這些上網搜尋的人點進來閱讀。於是，我開始進行「搜尋導流」的ＰＤＣＡ，嘗試各種方法。如果某個方法有效，就徹底執行。這就是我的做法。

以懶人包文章為例。當時，像是推薦漫畫排行這類的懶人包文章快速成長。當中，長文特別受Google青睞。我注意到一點後，立刻開始模仿。

顯示在搜尋結果上方的，都是像「精選１００」這類的長文。「那我就來寫精選１０１吧」，靠著寫出比其他人更長的文章。正中紅心！我的文章出現在搜尋結果首位。

一件事成功後，就往橫向拓展

我的文章第一次出現在搜尋結果首位的時候，我當時非常興奮。我照著計畫順利取得第一，而且靠著搜尋帶來大量流量。

「漫畫成功了，接著就來寫動畫排行吧！」

我立刻複製成功經驗。

那時候的動畫排行文章，大約精選30部是主流，我就寫了精選40部。再度獲得搜尋首位。

之後，我繼續以動漫為中心，往橫向拓展，陸續寫了「十集以內完結的有趣漫畫排行」、「熱血動畫排行」等文章。月流量終於達到一百五十萬PV（瀏覽量）。

進行PDCA的過程中，會獲得一些小小的成果。這時，要立刻循著相同手法，往橫向拓展。如此一來就能在通往獲利的路上，一口氣推進一大步。

順道一提，當時我以為自己找到了SEO（搜尋引擎最佳化）的必勝法，興奮到手舞足蹈，但事到如今，同一招已經完全不管用。當時排名第一的文章，現在都不知道排到哪去了（令人悲傷……）！

這是反面教材，不能因為一時順利就自滿，還是要持續進行ＰＤＣＡ才行。

7 STEP 3 觀察已經成功的人

同一個領域中，如果有人已經做出成果，請好好觀察他的社群媒體或部落格。一定能找到許多成功的線索。

如果你找不到適合的模範人選，試試看用該領域的幾個關鍵字上網搜尋。查看排在搜尋結果前幾名的網頁，應該就會找到能作為模範的人物或網站。

我剛開始寫部落格的時候，仔細看過每一個高收益的部落格，一天看超過五十篇文章。這樣才算得上是有認真在「取經於成功範例」（有部分也是單純覺得看別人的部落格很有趣啦）。

後發的一大優勢，就是可以看著「前人辛辛苦苦找出的答案」前進。如果你接下來要從事的副業前無古人，那恐怕無法利用這個方法，但應該不至於吧。反過來說，明明是後發，卻不願意參考前人的做法，也算是一種「作繭自縛」，那不是很可惜嗎？請好好利用後發優勢。

以我為例，我仔細閱讀成功部落格的文章，漸漸了解「原來這樣的文章會受歡迎」，就能以這為基礎進行ＰＤＣＡ。

看到覺得「好像不錯」的東西，請貪婪地收歸己有。

許多自己經營事業的人，都會透過社群媒體或部落格分享資訊，當中也有不吝公開自己奮鬥過程的人。請從這些訊息中學習，並活用在自己的事業上。

比起自己從頭開始摸索，向前人學習，可以讓你的副業更快步上軌道。

8 經營副業不能忘記專業精神

副業也是工作，是商業活動。因此，請帶著專業意識經營你的副業。

有些人面對正職工作很專業，但面對副業卻想得很簡單。

在我了解到副業也是一門生意，開始用專業的態度在經營副業，我也有了大幅成長。

我一開始是因為興趣才開始寫部落格，但隨著部落格收入增加，當我開始思考「照這樣下去，我應該可以離職」時，我已經將經營部落視為商業活動。當部落客或YouTuber的人，因為沒有所謂的客戶，必須自行在大腦中切換成商業模式。

如果是寫手或程式設計師，因為大多直接從客戶收取報酬，會比較容易體會到做生意的感覺。

但仍然有許多人以玩票性質看待副業，只是利用閒暇時間賺賺外快。

從客戶的角度看，不管正職還是副業，客戶只想收到與付出金額相應的成果，否則只是增加自己的困擾。

因此，請以「另一份正職工作」的心態來面對副業，這點很重要。

反過來說，正因為許多人認為副業只是閒暇時做的事，當你懷著專業意識面對副業，你將和其他人大大拉開距離。

只要將思維從「不過是副業，做到這個程度就行了。」轉換為「交出這樣的成果，對得起自己的專業嗎？」就能有很大的差別了。

9 停滯時，請和走在你前面一步的人商量

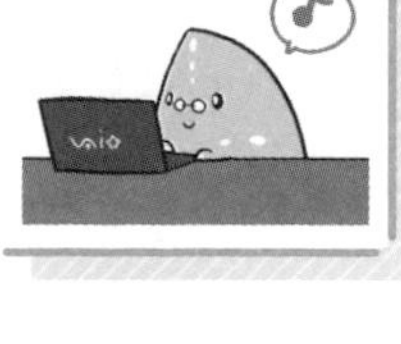

開始經營副業一段時間後，可能會遇到停滯期。

剛開始時不管做什麼都有新發現，感覺自己不斷地前進。然而，在某個時間點，會突然覺得自己好像一直在原地踏步。

就像樓梯有轉角，成長也有停滯期。若處在這樣的停滯期，就去會一會走在你前面一步的人吧。

和副業月入約五萬日圓左右的人談談，會非常有效。

重點是「走在你前面一步的人」，而不是遙遙領先的那些人。是和自己差不多等級，但已經開始做出成果的人。聽聽他們說話，能夠提升自己的動力，也會更明

確地知道該做什麼。

如果一下子就去找月入好幾百萬日圓的傳奇人物商量，會缺乏真實感，你只會覺得「好厲害啊！」而已。聽到這些了不起的事蹟，或許會讓你興致高昂，但因為等級實在太高，也不知道能如何運用在自己遇到的狀況上。激起你的幹勁是好事，但對於「要怎麼做？」這個問題，仍然沒有頭緒。

也不是說不應該和這些厲害的人見面，但老實說，還是等自己做出一些成績之後，再找他們會比較有效益。

舉例來說，當自己一個月賺一萬日圓時，可以試著和月入十萬日圓的人見面；當自己月收入達到十萬日圓的時候，就可以試著和月入五十萬日圓的人見面聊聊。

聽聽和自己狀況相近的人分享，能獲得一些可立即派上用場的線索，也能建立起夥伴或良性競爭的關係。

像我很多感情很要好的朋友就是這麼來的。

總之，先做再說

絕對不要自己什麼也沒嘗試過，就劈頭問人。

當然，我能理解你的不安。因為有「這樣做真的行嗎……」的不安，所以想找已經做出成果的人，直接對答案。

但是，對方不是你的老師，也不是你的顧問。如果有人突然跑來要求說「請全部教我！」對方只會覺得「來了一個麻煩的傢伙……」而隨便應付你。就算對方當時好心教你一些東西，恐怕也不會有第二次見面的機會。

既然你占用了對方寶貴的時間，你也必須讓對方感受到「和自己見面的好處」才行。無論多麼微小的事情都可以，當你可以分享「我這麼做效果很好喔！」的時候，再去和對方見面吧。即使這個成果不及對方，對方也能有所收穫。這麼一來，對方應該也會想繼續和你見面，萌生「下次再來分享至今做過的嘗試吧。」的想法。

10

拓展人脈，維持動機

和在公司工作不同，經營副業總是孤獨的。沒有可以商量煩惱、互相鼓勵的對象，可能會覺得很痛苦。這種時候，拓展交友圈很重要。如果有相同話題的聊天對象，不僅可以提升動機，也能夠共享資訊。但正職工作的人脈這時恐怕大多派不上用場。這種情況，就必須建立新的人脈。

雖然這裡寫著「建立人脈」，但要是一味想著「人脈、人脈」，是無法好好建立關係的。舉例來說，如果一個初次見面的人對你說「我是來建立人脈的！」不是很奇怪嗎？「這個人只是打算利用我吧……？」你應該也不會想和這樣的人交朋友吧。

因此，我建議單純一點，「好想和這個人交朋友。」「這個人好有趣！」用這樣的心態與人交流，拓展你的交友圈。

接下來，為行文方便，我還是使用「人脈」一詞，但絕對不是「結交可以利用的人」的意思，請理解為「結交夥伴」的概念。

利用社群媒體建立新人脈

要建立新的人脈，可以利用社群媒體。

我主要是透過 Twitter。如果發現走在自己前面一步的人，或是氣味相投的人，我會追蹤對方的 Twitter，按推文讚，偶爾也會回覆推文。當他舉辦實體見面會或活動時就去參加，或是有講座就去聽講。

要是對方沒有舉辦見面活動，但還是想跟他見面的話，我會利用 Twitter 發送私訊，或是在回文中輕鬆地詢問：「要不要見個面，喝杯咖啡？」如果對方回覆「好喔」，我就會立刻私訊問他：「那我們約什麼時候？我〇〇的時候有空！」就算對方可能只是客氣也不用太在意，還是可以邀看看。

不只 Twitter，利用 Instagram 或 Facebook 也可以。和現實世界相比，在社群媒體上認識朋友，不管心理上或物理上都比較輕鬆。

要先有一定程度的實績

利用社群媒體互動，是建立新人脈非常有效的方法。但是，如果突然聯絡對方，對方也會很疑惑地覺得「你哪位？」因此，在聯絡對方之前，必須先建立一定程度的關係。

當然，慢慢熟悉、慢慢深交，是最堂堂正正的做法，不過，在網路上，「實績」是建立人際關係的有效要素。如果你有明確的「實績」，對方也會對你感興趣。

我開始寫部落格時，半年就達成三十萬 PV，因此在當時有稍微引起「最近好像有個新崛起的部落客很受歡迎！」的討論。所以，許多我想接觸的人也都知道我的存在。當然，是我主動接近這些比我厲害得多的人，但是他們也對於我這個「新崛起的部落客」有點興趣，我才能和他們和見到面、說到話。

就算還不到成為網路話題這種程度，也應該要有足以寫在個人簡介上的實績。最好在雙方見面時，自己也能提供一些情報，分享「我這麼做之後效果很好」，讓對方有所收穫。我建議至少讓自己先達到這樣的程度之後，再主動接近對方會比較好。

沒沒無聞時如何建立人脈

在還沒有任何實績的階段，想建立人脈的話，可以參加見面會或是線上沙龍，都是方法。

但這些都比不上自己做出實績來得有效。實績、實績，雖然囉嗦，但實績真的很重要。

這個階段，只要有小小的實績就行，例如，「副業第一次賺進十萬日圓」這種程度也行。這麼一來，你就能根據自己的經驗分享「我試過這種方法喔」。光是如此，你的立場就和「請教我」這種單方接受的人完全不同。

如果是參加見面會或線上沙龍，就算自己還沒開始做任何事也能見面。藉著參加活動，一邊認識朋友，一邊累積實績，接觸走在自己前面的人，然後再繼續累積實績……就這樣讓自己不斷升級吧（第五章第二四四頁會再說明「沒有任何強項的人如何做出成績」）！

11 副業解禁與實際情況

在日本，自從宣布「副業解禁」已經過了好一段時間，但許多企業至今仍禁止副業。

在開始從事副業前，請先確認你現在的公司能不能接受。

日本厚生勞動省有一份「就業規則範本」，提供「制定就業規則時可以這麼做」的範本與解說。在這份就業規則範本中，原本「未經許可不得從事其他公司等的業務」一項，在二〇一八年修訂時刪除，將副業、兼差改為申請制，並追加以下規定：

第14章　副業・兼差（副業・兼差）　※令和二年（二〇二〇）十一月版

第68條　員工勤務以外的時間，可從事其他公司等的業務。

2　公司對於員工從事前項業務所提出的申請，若該員工從事之事業符合下列任一情況，可禁止或限制：

①影響勞務表現的情況

②洩漏企業機密的情況

③損害公司名譽或信用，破壞信任關係的情況

④因競業而損害公司利益的情況

現在仍然有公司禁止員工從事副業。但就業規則也僅是這家公司的規定，就算違反就業規則，也不違反法律。順道一提，企業若於就業規則等明文禁止個人從事副業，法律並不承認其效力。

在禁止副業的公司偷偷從事副業，於法上沒有任何問題，但可能遭受公司的嚴厲警告或懲處。此外，在展開副業之前，如果沒有事先向公司提出申請，在「從事副業時發生通勤意外」、「社會保險的辦理」等問題上，可能會有一些糾紛，這點

還需留意。

但老實說，以我個人的看法，副業無論如何都是必要的。因為公司並不會對你的人生負責。當然，以公司的立場來說，公司當然最喜歡為公司鞠躬盡瘁的人，不希望你將精力花在公司業務以外的地方。

但如果公司倒了呢？就算公司沒倒，但遇到不得不離開的狀況時，你怎麼辦？認真經營副業的話，就算情況演變至此，你可能也開闢了其他收入來源，培養了其他技能。如果你是那種「只適用於這家公司的人才」，那真的會走投無路。再強調一遍，這種時候公司並不會幫你。反過來說，不打算幫你，卻又禁止你從事副業的公司究竟是何居心？

當然，就算不經營副業，也能學習技能，提高自己的價值。但假使你希望活得比現在更自由，副業是必要的。如果你真的無法從事副業，那麼請認真考慮，是不是要換一個能讓你從事副業的環境。

第3章

從離職到成功的路徑圖

1 持續寫部落格六年，所發生的七件事

「持續就是力量」。想要成功，同樣也適用這句話。

剛開始時，不熟悉的工作使你困惑，也始終沒有達到預期的成果，這種情況會持續很長一段時間。但是，只要堅持下去，慢慢的，你會看到成果一點一滴出現。再堅持下去，就會加速人生翻轉。

我自己就是過來人。我把寫部落格當成副業，持續寫了六年的時間，人生也起了巨大的變化。在這一章，我將分享我辭掉公司工作，開始以自由工作者的身分活動，在這個過程中的學習與收穫。

①辭職

這是我人生最大的轉機。說我是為了離開公司，才這麼努力經營部落格也不為過。「辭職」對當時的我來說是非常強大的動力。

我任職的公司也不是什麼黑心企業，但當時上班真的很痛苦，每天早上只要想到「今天也得上班……」心情就很低落。

尤其連假結束時更是憂鬱，卻又沒有勇氣辭職或轉職，有段時期還會產生了「能否有個什麼不可抗力的因素能讓我休息，被卡車撞也好……」的想法（我當時應該是有點生病了……）。但是，隨著我開始寫部落格，收入逐漸成長，持續寫了三年之後，我終於可以辭職了。

到最後，我的正職收入是十八萬日圓，部落格的副業收入則超過一百萬日圓。因為經營部落格，也培養了網路行銷的知識，甚至有其他公司的人來挖角，問我要不要去他們公司上班（似乎是網路行銷公司的人資，看到我那時候每天都在Twitter上寫「好想辭職！」「工作好痛苦！」才聯絡我的）。

當時獨立創業的朋友們也紛紛對我說：「有困難的話，我可以發案子給你喔。」「日子過不下去時就來我們這吧！」，我才開始覺得「好像離職也可以找到出路」，膽怯的我終於決定辭職。很多人都說我太過小心翼翼了，但我認為這樣也好，畢竟是人生的「重大決定」，事前準備永遠不嫌多。

②獲得專業知識和實用技能

我在不知不覺中學會了網路行銷，等我意識到的時候，已經相當專精了。身為部落客，可是要做很多事情的。

要自己架設網站、自訂版面、分析訪客，還要改善轉換率、制定品牌策略，以及經營社群媒體。包括Instagram、Facebook、YouTube，還有Twitter。有些人甚至自己做設計，設計吸睛的圖像或橫幅式廣告（banner）。做這些事情，將使你學會許多技能。

不只是部落客，當自己獨立工作時，學到的技能會超乎想像的多。但很多人其實都沒有自覺，因此請好好認識你所擁有的這些能力。

之後進行每一項作業時，你不能只是漠然處理，要清楚意識到「這是在學習行銷」、「這和品牌建立有關」。藉由這麼做，掌握自己所擁有的技能，如此你才能更進一步精進它。

③成立公司，社會觀感也不同了

辭職一年後，我成立了公司。說起來其實很不好意思，我並沒有什麼遠大的抱負，會成立公司，只是為了節稅而已。

儘管如此，在我成為公司老闆之後，周圍的人態度也為之丕變。在那之前，「你怎麼還是成天無所事事」、「你還是得去公司上班，認真工作才行」老是這麼說的親戚，在聽到我成立公司，當了老闆之後，馬上改為稱讚「真了不起呢」。我做的事情明明完全一樣啊⋯⋯。

就社會觀感來說，沒有比成立公司、當老闆效果更好的。去拜訪結婚對象的父母時，說自己是老闆，確實比自由工作者來得讓人安心。成立公司並不會帶來什麼不同，但會改變周遭對自己的觀感。準備結婚的人、想讓父母安心的人，成立公司或許是個好方法。

④社群媒體上的影響力變大

我持續地經營社群，現在在 Twitter 上，我的跟隨者已達到十萬人（截至二〇二一年二月）。跟隨者增加，影響力也會隨之變大。達到十萬人，代表今後不管要做什麼新的嘗試，都有很大的優勢。

對我來說，最開心的是，我有能力可以幫助朋友。朋友的商品或服務明明很好，卻沒有辦法將商品資訊傳達給需要的人，這時候，我只要按一個鍵，就能幫他將訊息擴散出去。

當然，這十萬跟隨者，並不是持續寫部落格六年，就會自動增加。但利用 Twitter 經營社群，對自由工作者來說是必要的。我把它視為工作的一環，持續認真經營，等我意識到的時候，跟隨者已達到十萬人。這是我莫大的資產。

⑤接觸到活躍於各領域的人們

旅遊家、作家、占卜師、攝影師等等，我得以認識這些獨特又厲害的人們。以前在公司工作，是絕不可能有這樣的機會。

還有議員、會計師、律師等，我自己也覺得「我居然有幸能夠認識他們」。也有機會接觸到機長、空服員。

如果我沒有寫部落格，這些人是絕對不可能出現在我的生活圈。但是在部落格上做出一點成績之後，對部落格有興趣的人，也會對我感興趣。

如果他們在經營部落格上遭遇困難，我可以協助他們。下次換我在對方的專業領域上遇到問題時，我也可以得到他們的協助。比方「我教你經營部落格，下次可以幫我拍頭像嗎？」這樣的互相幫助。

隨著交友圈的擴大，當有人詢問：「我在找這樣的人，你有沒有認識的？」我也可以幫上忙。案主可以找到值得信賴的接案人，接案人也能接到新的工作。我只是分享訊息，就能收到雙方的感謝，可以說是「三贏」。

作為一名自由工作者，你有機會結識各個領域的人們。不管有沒有金錢交易，遇到問題時有人可以商量，也提供諮詢。可以擁有像這樣自在舒適的關係。

⑥結交許多打從心裡尊敬、氣味相投的朋友

我結交了許多打從心裡尊敬、氣味相投的朋友。

一般來說，出社會之後，人際關係就很難再擴展，大多集中在公司或客戶。但開始副業之後，就會產生新的連結與社群。

長大成人之後，能夠結交氣味相投的朋友或打從心裡尊敬的人，是非常珍貴的。比起獲利，這種新的人際關係，更能真正豐富我們的人生（而且透過新的人際關係，還能讓你賺更多）。今後，希望我們友誼長存，也期待新的邂逅，再認識新的朋友（也許就是正在讀這本書的你）。

⑦交了女友並結婚了

因為寫部落格的關係，我交了女友，在交往兩年後，我們結婚了。

其實這種事在我周圍並不少見。也不侷限於寫部落格，只要是有共同興趣或志向的人，通常也會很合得來。因為同為部落客而開始交往，這種例子我已經聽過幾十個了。

正如前文所說的，新的邂逅機會變多了，朋友也會變多，從朋友發展成情侶的機會也會跟著變多。

以上是發生在我身上的七件事，當中也包含非常私人的事。靠自力工作，學會專業知識與技能，擴展交友關係……這些事不會只發生在我身上，你一定也能有所改變。

但是，你也要一步一腳印付諸努力才行。雖是老生常談，但「持續就是力量」。

2 辭職前要做的三件事

想要辭職時，若和身邊的人商量，會得到各種建言。

「這社會沒有你想得那麼簡單。」

「不要辭職比較好喔。」

「這樣很不穩定，風險太高了。」

我當時也被數落得很慘。

但我必須說：「這些我都知道！」就算其他人不說，我也很清楚這有多麼不穩定。畢竟我才是當事人，一直以來，我比誰都還認真思考「要擺脫現在的工作」。

我曾經每晚都在想「明天不想工作」，我真的不希望這樣的日子還要重複個三十年、四十年。

現在正讀著這本書的人當中，應該也有人在考慮辭職吧。我想你也不是用「總之先辭職，日子總會有辦法過下去的」的心情，輕鬆看待此事的吧。你很清楚，離開公司，就等於放棄現在的安定，但你仍然思索著，是不是可以做點什麼，改變現在的困境。

我離開公司，成為了自由工作者，但是，我並不認為辭職成為自由工作者或創業，是打破現狀的唯一解方。

只要能化解生活中的苦悶和絕望就好，這並非做不到的事。以下為各位介紹若要達成此目的的三個步驟。

雖說如此，這也不是什麼馬上就能辦到的易事。重點在於，要清楚知道自己的目標，朝著目標穩步前進。

3

STEP 1 列出不滿

要改變現在的困境，必須先將心中的不滿條列出來。如果你不知道自己對什麼不滿，也就無從著手改善。

要是沒弄清楚自己到底對什麼不滿，就突然決定辭職或換工作，到最後，同樣的事情可能會一再重演。**不論是成為自由工作者還是換工作，都只是手段之一，重要的是目的。**列出你的不滿，你才會知道自己的下一步該怎麼走。

對於現在的工作你有什麼不滿？什麼時候會感受到壓力？請寫出你對於工作或公司，感到厭煩的部分。

對人際關係不滿

上司有嚴重的職權騷擾、性騷擾行為，和同事處不好等等，許多人受人際關係所苦而辭職。人際關係的問題，當然可以靠成為自由工作者解決，但也只不過算是選項之一。也可以藉由換工作改變環境。

有些情況，不用轉職，請調其他部門也是一種方法。

對薪資不滿

如果不滿薪資太少，可以思考以下方法：

- **考取證照、爭取升遷，提高現職的薪資**
- **轉職**
- **經營副業**
- **當自由工作者**

然而，就算想經營副業，有可能目前的工作已經讓你忙到沒有時間，或是公司根本就禁止副業。

此外，當自由工作者也不保證收入會比現在多。

沒有自由

我就是因為「沒有自由」才辭職，踏上了自由工作者之路。

但是除了當自由工作者以外，轉職到以遠距工作為主的公司，也是很值得考慮的選項。

特別是新冠肺炎的疫情爆發以來，遠距工作變多了。如果你能接受以遠距工作為主，或是一週只上班三到四天的工作條件，就算不當自由工作者，也能保有一定程度的自由。

沒有成就感

也有人是因為缺乏成就感而不滿，覺得現在的工作完全沒有意義。

若是這樣，就有必要進一步挖掘，了解自己對於什麼樣的事情會產生成就感。請閱讀第九五頁介紹過的自我分析推薦書籍，相信可以從中找到一些線索，了解自己擅長什麼、想做什麼。

當然也不需要勉強自己一下子就找到「自己的使命」。找到一些可能適合自己的事情，實際去做做看，如果不行就再換一個試試……像這樣一邊摸索，一邊前進就好。

說不定，這在你現在的公司就可以進行。

以上是幾種代表性的不滿，你也可能是對其他事情抱持不滿。像這樣寫下來，你才會清楚知道自己對什麼不滿、對什麼感到壓力。這是辭職前該做的第一步。

尋找妥協點

在列出不滿的同時，也請你尋找可以妥協的事情。

一旦開始列出不滿之後，就會沒完沒了……像是附近沒有好吃的餐廳、公司沒有咖啡機、上司來追縱自己的 Twitter 等等。不滿這種東西是數也數不盡的。

然而，要全部消除這些不滿也是有難度的。因此，也請你思考哪些事情是可以妥協的。如果找不到可以妥協的事情，依照想消除的優先順序，將不滿排列出來也可以。

舉例來說，「忙碌」和「低薪」，哪個會被排在前面？

如果希望將來可以半退休，你可能會認為「現在忙一點沒關係，我只想多賺點錢」。如果對你來說「現在最重要的是收入」，就可以限縮職種和副業的選項，清楚你要走的道路。

反過來，也有些人認為「收入少一點沒關係，我只追求活得輕鬆一些」。那就可以選擇遠距工作或一週工作三到四天的型態，只要能夠接受薪水相對較低，一定能找到工作。

像這樣，列出自己的不滿和壓力來源，並且進一步列出能夠妥協的事情吧。順道一提，我真的很討厭 Twitter 被上司追蹤。

4 STEP 2 設定目標

第一步是列出不滿，接下來，就要思考改善不滿現狀的方法。

我們要做的是設立目標。

光是對於不滿表示「討厭」，什麼也不會改變。我們要做的，是針對這些不滿設定目標，進一步解決或改善問題，朝著目標穩步前進。

聽到要設定目標，有些人會不假思索地說：「好，那就來考證照！」或是「學程式設計」、「學英文」、「寫部落格」。當然，考證照、進修都很好，但這些真的有助於消除你的不滿嗎？請好好思考這個問題。

請不要從既有的目標來思考。請針對你所列出的不滿，將消除或改善不滿所需採取的行動當成你的目標。

應該以自由工作者為目標嗎？

有一點希望你能留意，並非一定要以辭職獨立、成為自由工作者為目標不可。有些不滿，維持上班族的身分，一樣可以解決。而且老實說，不是每個人都適合當自由工作者，也有很多人繼續當上班族反而做得更好。

仔細思考你現在的不滿，判斷自己是自立門戶比較好、跳槽比較好、轉行比較好，還是繼續在這個位子上累積經驗比較好。

我個人認為，如果還年輕、不用養家，不妨試試當一次自由工作者。能夠了解上班族和自由工作者這兩種不同的工作模式，也是棒的體驗。

如果嘗試過後，覺得當自由工作者負擔過重，至少還夠年輕，要再做其他嘗試也比較容易。單身的人就算暫時沒有工作，也不會給其他人添麻煩。

但如果要養育三個孩子，或是已經不年輕了，就沒那麼容易了。薪水太少就沒辦法養家人，有了年紀，面試機會也會少很多（當然，如果能獲得家人的理解，不妨勇敢挑戰）。

不過單身的年輕人就沒有這些顧慮了，如果想嘗試當自由工作者，不妨就試一次看看。這麼說或許點不負責任，但我真的這麼認為。

「這社會沒有你想得那麼簡單！」身邊的人應該都會這麼說吧。我覺得這才是不負責任的發言，要是你聽了這樣的話，繼續留在黑心企業，把身心都搞壞了，當初說這話的人也不會為你負任何責任。

不管是要轉職，還是要當自由工作者，最後還是要由你自己決定。

因此，請好好設定你的目標。

5

STEP 3 培養達成目標需要的技能

針對你在第二步設定的目標，培養達成目標需要的技能。

三個步驟中，這是最困難的一步。當然，已經具備技能的人，就不需要這一步了，請直接朝向你的目標，採取行動。但我想，讀者之中應該有很多人就是因為沒有特別突出的技能，才會如此煩惱吧。

不管是要換工作，還是要當自由工作者，都得學習技能。什麼也不做的話，情況是不會突然變得對自己有利的。

我們必須提高自己的市場價值。如果想換工作，就要調查清楚你有興趣的新工作需要具備什麼技能、考取什麼證照會有幫助、應該累積什麼經驗，好好培養自己的能力。

如果想當自由工作者，就得思考要靠自己的什麼能力來工作。舉例來說，如果想做影片剪輯，就必須搞清楚技術磨練要到什麼程度，才能夠獨立作業。

首先列出所需的技能和程度吧。我推薦利用 Excel 或 Google 試算表建立一張一覽表。

有辦法一邊從事現職，一邊培養技術嗎？

你所列出的技能，有辦法在現在的公司一邊工作，一邊培養嗎？能夠透過現職學習是最好的。要是沒辦法，如果還有點空閒時間，可以利用下班時間或週末學習，那也沒問題。

根據領域的不同，有些技術可能需要換工作，到新的公司學習會更快。若是如此，因為你是去學技術的，可能得接受相對較低的薪資或較頻繁的加班，還是必須做出某種程度的妥協。

還有就是你要學習的技能，是不是能靠自己學會，也是一個評估重點。如果明顯不可能靠自學，也可以報名補習班或加入線上沙龍，找人把你教會。最近報名學程式設計的人也越來越多。

但也不能因此就認為「反正有人會教」，請先調查有沒有人能當你的範本，通常應該已經有人運用你想學習的這項技術自立門戶。

如果發現這樣的人，請參考他走過的路徑，比如說他是怎麼學習技術、創業的。這是我最推薦的自學方法。

學會技術所需的時間

評估學會這些技術要花多久時間。當然，每個人需要的時間不一，這裡只要粗估就好。有個基準，會比較容易規劃下一步。

如果知道學習一項技術所需要的時間，再除以自己一天為此所花費的時間，就能得知自己多久以後能學會它。

如果學習一項技術需要一萬個小時，你一天花三個小時，那就需要一年的時間。這麼一來，你就可以設定「一年後學會這項技術，然後轉職」、「以這項技術為基礎，一年後自立門戶」這樣的目標。

像這樣，了解達成目標需要什麼技術，該如何培養、能不能靠自力學習、要花多久時間，然後一項一項解決，這是非常重要的步驟。

當你學會這些技術，要消除不滿就近在眼前了。至於要當自由工作者，還是轉職，又或是在現在的公司再加把勁，那就是每個人的選擇了，但你不會因為自己什麼都沒準備就辭職而感到後悔。

6 也不一定要離職

我是真的很不適合在公司工作，和任職的公司文化不合，才選擇離職當自由工作者。

但每個人的價值觀不同，對幸福的定義也不一樣。就算不辭職，只要找到適合自己的工作方式，你人生就會發生巨大的改變。

辭職也不能逃避工作

很多人都將「好想辭職」掛嘴邊，我以前也是，總是一邊嘆氣，一邊說著「好想辭職」。

但你是真的不想工作嗎？還是，你只是不想在現在的公司工作？

要離開現在的公司很簡單。當然，還是要有一定的覺悟，但只要提出辭呈，公司也無權拒絕。要是上司的職權騷擾太嚴重，公司根本不把你當一回事，現在也有代客辭職的服務。

辭職很簡單，然而，不工作就沒那麼容易了。

如果可以不工作，也就是「不靠工作維生」，該有多好。我也常常這麼想。但實際上，「不靠工作維生」難度實在太高，具體來說，你必須要有「被動收入」。

舉例來說，假設手中握有大約一億日圓的股票，扣稅之後有三％的股息，那麼，一年就有三百萬日圓的被動收入。但除非是中樂透，否則要籌措一億日圓也很困難。就算一年存五百萬日圓好了，也要存個二十年。這太不實際了。為賺取生活開銷，似乎短期內都擺脫不了「工作」。

工作要開心才好

既然無論如何都得工作，那就應該盡可能選擇做得開心的工作。如果無法把開心的事情變成工作，至少也要以「不討厭的事情」為業。

你可能會想：「如果辦得到就不用那麼辛苦了！」但如果就此停止思考，放棄努力，那實在太可惜了。

「半退休」、「提早退休」，最近「FIRE」（Financial Independence, Retire Early，財務自由）的概念相當風行，那你有沒有想過自己達成財務自由、提早退休，會是什麼樣的光景？

你現在的工作時間將完全空下來，變成你的閒暇時間。剛開始，你應該會想盡情去做那些一直以來沒辦法好好做的事情，像是長程旅行、釣魚釣一整天……但全部做過一遍之後……難道不會覺得還是太閒了嗎？當然，這世界上還有許多的內容創作，打遊戲、讀書、看電影，你可能覺得這些根本就消化不完。

然而實際上，這種狀態據說只會維持一、兩年。大家除了被動接收內容，也會開始想要「做點什麼」，像是寫部落格來打發時間、租地打造成自己的露營場，或是提供自己認為好的服務而不考慮收益。也就是開始做「自己覺得好玩的工作」。

那麼，我們重新來思考一下。如果你現在就可以靠這份「自己覺得好玩的工作」賺錢的話……**那不就很接近提早退休的生活嗎？**當然，財務方面的寬裕程度和真正的提早退休完全不一樣，為了生活，還是得賺取利益才行。但追求「自己覺得好玩的工作」絕對是值得的。

搞清楚自己是討厭工作，還是討厭公司，這點很重要

不需要急於「我現在立刻改當自由工作者，做好玩的工作」。就算不當自由工作者，也可以在工作中找到好玩的事情，或是避開討厭的事情。

如果你現在正想著「好想辭職」，那麼，你是討厭現在的公司，還是根本就討厭工作？

如果是討厭現在的公司……

如果是討厭現在的公司，就算不當自由工作者，也還有換到其他公司上班的方法。儘管自由工作者很自由，但相對的，一切都得自己負責，沒有人會保護你。反過來說，上班族受到一定程度的保障，也比較安定。但反過來說，因為必須配合組織，自由是受限的。

選擇自由，還是選擇安定，取決於每個人的價值觀和性格。不管上班族，還是自由工作者，都有適合和不適合的人。我自己是因為完全不適合當上班族，才選擇當自由工作者。但這並不代表每個人都應該成為自由工作者，確實有些人比較適合當上班族。如果我沒那麼討厭當上班族，我也不會勉強自己自立門戶。尋找適合自己的公司，也許就能擺脫你現在面臨的困境。

如果是討厭工作本身……

如果是討厭工作本身，事情就比較難解了。

真的要不靠工作維生，那需要相當龐大的資產。

但我想大部分的人應該都沒有那樣龐大的資產。若是如此，比起想著不勞而獲，尋找自己理想的工作，還是比較實際的吧。

當然，就算無法立刻找到，持續地尋找、嘗試，就能慢慢接近理想，並且走上幸福人生。

無論如何，請不要停止尋找理想的工作，請持續地追求。

對我而言，一份理想的工作，是能夠發揮自己的強項、自己打從心裡享受，並且能夠和自己尊敬的人合作。就算到現在，我仍然經常覺得「這我不做應該沒關係吧？」「這雖然有趣，但有一部分很無聊」，我的目標是降低這些事情的比例，同時穩定發展事業。

Column

就是這點讓人討厭！我的前公司

「工作好辛苦～！」「好想辭職～！」「不想上班～！」不斷這麼說的我，具體來說，究竟有什麼不滿，我想好好談談這件事。

話說在前頭，我的直屬主管、前輩、同期同事都對我非常好，這是真的，我沒有說謊。所以，萬一有人讀了這本書認出「咦？這不就是那個離職的〇〇嗎！」請放在心裡就好，拜託了。

那就開始吧！就是這點讓人討厭！我的前公司！

① 謎一般的年資制度

因為是有一定歷史的公司，年資制度相當誇張。首先，薪資裡有一項是「年齡加給」。如同字面所示，就是看年齡加薪，無關工作成果，年紀越大，薪資越高！真的很誇張。

結果職場上就養出了領著高薪、卻整天在玩踩地雷的大叔，這是真人真事。「跟每天忙著工作的自己比起來，整天都在玩遊戲的大叔，領的薪水還是自己的四倍」，這個事實大大削減了工作的意願。

然後是強烈的「少做少錯」風氣。公司裡幾乎沒人會去挑戰新事物，畢竟什麼都不做，薪水也會增加。

說實話，終身雇用制對員工而言並非壞事，但現在這個時代，幾乎沒有人會在同一家公司一直待到退休。對於還年輕的自己來說，只是不斷消磨工作動力而已。

②「加班＝認真」的價值觀

這鬼話是真的。「加班＝認真」、「假日上班＝了不起！」這種價值觀真的很謎。正常來說，能夠在上班時間內完成工作不是比較了不起嗎……？

最後卻變成是我被提醒：「同期的○○還在加班努力，你這樣好嗎？」當時我也只能回應：「很抱歉……」就算沒事可做也要留下來加班。

現在我自立門戶了，終於可以說：「雖然同期的同事在加班，但你可以回去了！回去吧！」

③很多的會議、會議和會議

反正就是有很多的會議，多到讓人覺得是有這麼多話要說嗎？明明丟個訊息就可以確認的內容，也要召開會議，而且還開很久。最後也沒做出什麼決定，真的讓人無法理解。

這場會議的目的到底是什麼……？讓人不禁懷疑，是不是會議本身就是目的……？

我想，就算我在公司晉升高位，提議「要不要少開點會？」大概也只會獲得「好的，我們就來開會討論要如何減少。」這樣的回應吧。

④不會調漲的薪資

我剛進公司時，不加班的話，實際領到的薪資大約是十六萬日圓。

我原本以為就這樣了，但是到第三年時，第一次調薪，金額是「二萬日圓」。

咦？照這樣速度調漲的話，等我三十歲時，不就有二十萬日圓了嗎……。

當然，薪資並不會這樣直線攀升。不過，如前文所述，因為是年資制度，等到超過四十歲時，薪資就會穩定上漲。在終身雇用制下，如果一直工作下去，這是可以確定的，但實在很難熬。而且，不管你做出多大的成果，只要工作年資還沒到，就不會加薪。因為是年資制度啊……。

順道一提，我在公司工作三年半後離職，當時領到的退職金是三萬日圓。很誇張吧。

雖說是專欄，卻寫下滿滿的抱怨，真不好意思。

但我想，應該有很多上班族（特別是年輕人）正承受著同樣的痛苦。我懂這種心情。也因為看得太通透而感到痛苦，我曾經不只一、兩次動念「好希望隕石直接砸上公司」。

但是很遺憾，隕石落在公司，讓一切灰飛煙滅的機率非常低。既然如此，就只能靠自己了。如果這本書能幫助你從這樣的環境中踏出第一步，我會非常高興的。

最後，容我再次拜託，如果你讀了這本書認出「咦？這不就是那個離職的○○嗎！」千萬不要說出來，拜託了。

第4章

平凡人的金錢革命

1 要化解金錢焦慮，「了解」很重要

對金錢感到不安的程度因人而異，但只要是人，都會擔心經濟狀況。我當然也不例外，我煩惱過無數次「再這樣下去，將來沒問題嗎？」「萬一辭掉工作，沒有收入，自己要靠什麼活下去？」「如果生了小孩，我有辦法養小孩嗎？」等等問題。所幸現在已經沒有以前那麼焦慮了。因為我知道該怎麼緩解對金錢的不安，方法就在於**「了解」金錢**。

舉例來說，從一年的生活費來思考。雖說是「一年」，但實際花費因家庭而異。如果一個月能以一五萬日圓打平開銷，一年只需要一八〇萬日圓就夠了；如果光是每個月的房租或子女的教育費就要花三〇萬日圓的話，那麼一年至少要三六〇萬日圓才夠。

這時能具體地想到「既然如此，只要我有○○○萬日圓的存款就夠了」的數字嗎？我猜對金錢愈不安的人，腦中愈無法浮現出具體的數字。就算能不假思索地回答「大概需要三○○萬日圓」，但是能正確地回答出那三○○萬日圓包括哪些細項的人想必少之又少。其主因正是出自「金錢焦慮」。

因為如果不曉得需要多少錢，就會對該賺多少錢茫然不知。

當然，錢愈多愈好。但金錢並不會自顧自地無限增生。換言之，在思考該賺多少錢才好、該存多少錢才夠以前，必須先搞清楚「我到底需要多少錢」。

自己至少要有多少錢才能過日子？辭去工作後有什麼社會補助？生兒育女要花多少錢？教育費用的平均值為多少？私立學校與公立學校的學費差多少？萬一父母需要照顧，有哪些照護補助？依父母需要照顧的程度，費用相差多少？

只要對照過去的生活費，上網查詢，馬上就能找到答案。如果光靠上網查到的資料還不夠放心的話，我很推薦閱讀《本当の自由を手に入れるお金の大学》（暫譯：如何得到真自由的金錢大學，両＠リベ大学長著／朝日新聞出版）這本書。

我也參與了這本書的寫作，所以深知透過這本書可以有系統地學習到與金錢有關的知識。

簡單一句話，人是因為不了解金錢，不知道該採取什麼對策，才對未來感到不安。只要具體知道一輩子要花多少錢，就能存錢以備不時之需，或是依照目的買保險等等，採取相應的對策。

想當然耳，人無法全盤掌握將來的生涯規畫，但還是有很多可以掌握的部分。請先從自己可以理解的範圍出發，消除對金錢的茫然與不安。

掌握平常的生活費與最低限度的生活費

如果要成為自由工作者，最好先算好如果想過同樣的生活要花多少錢，亦即「平常的生活費」，還有如果把生活水準降低到這個程度也能活下去的「最低限度的生活費」。

自由工作者的收入不穩定，有時候可能會突然周轉不靈。因此事先想好萬一有什麼意外狀況，可以撙節開支到什麼程度，例如「或許能再省一點伙食費」、「或許可以換個小一點的房子」等等，就顯得格外重要。既然都辭掉工作了，搬去鄉下以降低房租或許也是個不錯的主意。

已經成家的人也要思考家人能給予多少協助，事先模擬如果切換為極簡生活，可以把生活費降低到什麼程度。

藉由進行上述的事前模擬，即使真的陷入必須靠存款過日子的狀況，也能撐久一點。

如果有經濟上的疑慮，最好不要自立門戶

如果有經濟上的疑慮，最好不要貿然辭職。

因為如果有經濟上的疑慮，就算成為自由工作者，也會變成追逐金錢的自由工作者。像是「雖然不想做，可是馬上就能收到酬勞，所以還是接下這項工作吧」，流於以收入作為選擇工作的判斷標準。這麼一來，好不容易離開公司，卻一點也不

自由，還會逐漸不明白自己究竟為什麼要成為自由工作者。

- **計算生活費，預先存好一年的生活費**
- **分析將來大概要花多少錢**
- **努力透過自己想做的事賺到一定金額的錢**

只要跨過以上三個門檻，應該就能消除大部分的金錢焦慮。只要在這樣的前提下自立門戶，應該就能享受身為自由工作者的無拘無束。

2 省下固定支出＝自動留住金錢

我認為「固定支出愈低，自由度愈高」。所謂的固定支出是每個月一定要花的費用，例如房租及水電費。這筆固定支出愈低，創業或邁向自由的門檻也愈低。

舉例來說，我能理解大家創業時想擁有辦公室的心情。可是，押金就不說了，只要考慮到每個月的房租，我就無法苟同。真的需要辦公室嗎？難道不能在自己的房間裡工作嗎？

當然，有些行業無法在家裡開業。這時請務必評估共享辦公室的可行性。

此外，聽起來或許很瑣碎，但重新審視每個月的電信費及電費也很重要。藉由將手機的合約換成便宜的預付卡，每個月的電信費就能從八千日圓減少到二千日

圓。電費也是，日本已經進入可以自由選擇電力公司的時代了，不妨研究一下有沒有適合自己的生活習慣的方案，改用更便宜的費率。

倒也不用錙銖必較地省錢。我的意思不是要大家為了省下一塊錢，大老遠騎腳踏車跑到遠在天邊的大賣場買影印紙，比起這些零星的花費，我希望大家去仔細審視每個月確實要支出的固定費用。

事業一帆風順的時候還好，萬一陷入瓶頸，省下的固定支出定能發揮作用。

在放著大筆固定支出不管的情況下，再怎麼努力賺錢都像是在用有洞的水桶裝水，入不敷出。

重新審視固定支出的清單

簡單！重新審視固定支出的項目

☑ 房租、停車費

依理想條件比較行情，
尋找有沒有其他更便宜的地方

☑ 水電瓦斯費

尋找有沒有費率更便宜的
水電瓦斯公司

☑ 保費

研究在同樣條件下有無更便宜的方案，
評估保單本身是否真有必要

☑ 電信費

檢查有沒有不需要的服務，
或是換成便宜的預付卡

☑ 月租型的訂閱制服務

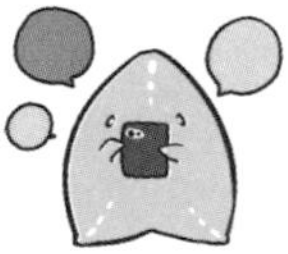

直接將使用頻率較低的服務解約

☑ 要收年費的信用卡

確認年費是否高於
會員專屬優惠或點數回饋

3

累積型的工作在收益上會呈現等比成長

我的副業是經營部落格，部落格是種文章及收益都能持續積累的累積型工作。

除了部落格，YouTube 也是累積型的工作。

累積型工作最大的魅力在於收益性。

一次性的副業與累積型的副業

副業分成一次性的工作與累積型的工作。

以同樣都是撰稿為例，每次受託寫一篇報導的接案工作屬於一次性的工作，而透過部落格發表文章則是累積型的工作。

賺取時薪的打工或單次的接案工作具有容易預估收入、只要有做就有收入的優點，但也一定要付出時間及勞力才能換得收入，因此可獲得的收入有其天花板。

另一方面，如果是**累積型的副業，賺取的收入與工作時間沒有絕對關係**，收入等於無上限。最大的優勢莫過於「自己不用動手也能持續賺錢」。不過，比較不容易預估有多少收入，此外也需要經營一段時間才會開始賺錢。

只要能賺到第一個一萬日圓就會漸入佳境

累積型的工作起初受到挫折的機率高得不可思議。

之所以這麼說，是因為剛開始經營的時候，因為還不習慣，無論再怎麼努力工作，也完全無法轉換成收入。明明花了很多時間及精力，卻看不到任何成果。在完全沒有收入的情況下繼續工作，一個月過去了、兩個月過去了……不知不覺間，可能會就此喪失幹勁。

實際上，累積型的工作最艱難的時期，在於從零開始到賺到一萬日圓為止。由於一開始就會遇上最艱難的部分，所以很多人連一塊錢都還沒賺到就一蹶不振了。

我自己在經營初期也吃盡了苦頭。

剛開始的三個月沒有任何收益。直到第四個月才終於賺到一萬日圓（這還算是快的了）。每天花三小時，好不容易才賺到一萬日圓。如果以「換算成時薪，一小時只有幾十塊耶」的方式去計算，心情會頓時萎靡不振，所以就別計較了。

只要能賺到第一個一萬日圓，接下來就會漸入佳境。即使多少有些起伏，但只要能腳踏實地持之以恆，建立起PDCA的良性循環（※請參照第一一四頁），就能提升收益。從零到一萬日圓固然非常非常困難，但是從一萬日圓到二萬日圓就沒那麼困難了。

收益會呈等比級數成長

部落格的收益在那之後也順利地持續成長，到了第七個月已經來到五萬日圓。

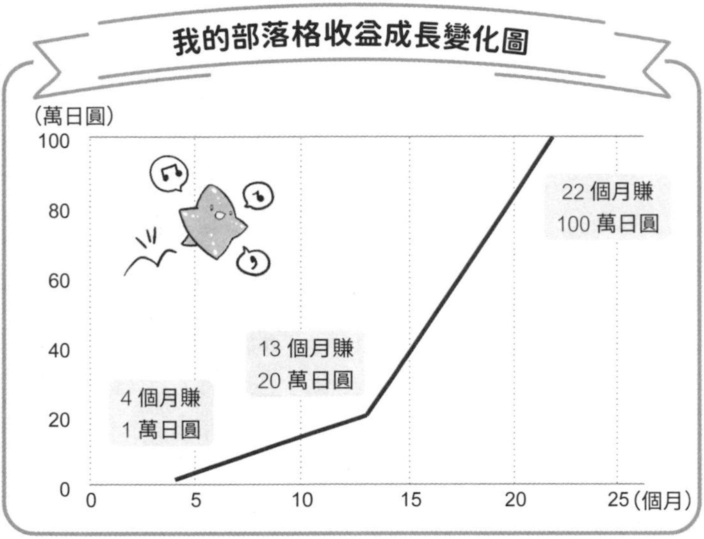

接著，收益的成長速度會一股作氣地加快。滿一年的時候，收益已經來到二十萬日圓，再過了一年之後，更成長到一百萬日圓。

起初就連一塊錢都賺不到，不屈不撓地堅持下去，終於讓業績一口氣成長。累積型工作的收益將呈現等比級數的成長。

大家可能會以為一個月賺一百萬日圓，需要比一個月賺五萬日圓的時候多做二十倍的工作，其實不然。工作時間基本上沒什麼太大的變化，我每天還是做三小時。

不同於接案工作，**累積型工作**

的工作量與報酬並沒有直接關係。起初再怎麼努力工作，都會有一段賺不到半毛錢的時期，一旦上了軌道，就能進入即使減少工作時間，報酬也不會降低；如果再努力一點，還能賺更多錢的階段。

我過去曾經每個月賺一千萬日圓，當時的作業時間頂多每天一個小時左右。

當然收入不是永遠都這麼穩定，但肯定會變得駕輕就熟。

總之一開始是最辛苦的時期，所以無論如何都要撐過去。

4 成功者共通的思考邏輯

隨著自己的事業愈來愈成功，與成功者的交流機會也暴增。世上有許多收入比我高出許多，又比我自由的「成功人士」。感謝他們不嫌棄我，帶著我到處玩，有時候也跟我聊一些經營面的事。在交流的過程中，我注意到成功者身上有兩個「共通點」。儘管每個人的成功過程及性格完全不同，可是所有人都具備這兩個共通點，真的很不可思議。我自己注意到這一點以後，也發誓絕對要效法這兩個共通點。

總而言之，成功人士的行動力很強。一聽到什麼風吹草動，產生興趣之後，就會立刻採取行動。

如果是用手機就能搞定的事，就會馬上拿出手機處理，也有人當場拿出筆記型電腦。即使無法當場處理，**一旦決定「要做」，通常當天就會跨出第一步。**

基本上，心裡想著「總有一天要做」的事，最後通常都不會付諸實行。我也有這方面的經驗，所以很清楚。成功人士絕不會想著改天再做，而是當場決定「要做」或「不做」，一旦決定「要做」就會盡快採取「行動」（當然，也會發生不用全部做到最後，「試過之後發現不行！」就立刻收手的情況）。

我的行動力雖然也不算差，可是看到成功人士的拚勁之後，開始時刻提醒自己「現在可以做的事就馬上去做」。

謙虛

講到成功人士或有錢人，大家或許會對他們有著氣焰囂張、不可一世的印象，但實際上，他們多半都很謙虛。

而且我覺得愈成功的人愈謙虛。

有的人每個月才賺一百多萬日圓，就高高在上地自以為了不起，而每個月賺超過一千萬日圓的人通常身段都很柔軟、態度都很客氣，而且非常謙虛。當然世上或許也有囂張跋扈的有錢人，但至少我沒遇過這種人。

我不確定是原本眼高於頂的人在賺大錢的過程中逐漸磨平了稜角，變得謙虛，還是謙虛的人比較容易成功。但是看到他們自然而然為別人著想的模樣，表現出讓場面變得和諧融洽的態度，不難推測應該是本性謙虛的人比較容易成功吧。

倘若不是他們擅長的領域，他們會虛懷若谷地問我：「海星，指點我一下吧。」明明我賺得沒他們多，還只是個乳臭未乾的小伙子，他們卻願意虛心請教，令我受寵若驚。即使姿態沒有擺得這麼低，他們也一定會尊重對方，絕不會瞧不起人。

當自己認為「很厲害！」的人這樣謙卑地請教自己，一定會知無不言、言無不盡的呀。

成功人士或許就是靠這種方式得到源源不絕的資源，讓身邊充滿願意幫助自己的人，獲得更大的成功。

Column

從價值而非價格面來看

相較於還在當上班族的時候，自立門戶後，我對金錢的想法改變了許多。

當我還是個上班族，也還沒有從事副業的時候，由於收入固定，生活中難免需要精打細算。這麼一來，買東西的時候無論如何都會以「價格」為判斷標準。

即使明知東西再好，一旦太貴就買不下手。

自從我開始靠自己賺錢以後，發現有個標準比價格更重要，那就是「價值」。

即使金額貴了點，只要能從中感受到高於售價的價值，我就會買。相反地，倘若感受不到價值，不管售價再便宜，我也不會買。

最明顯的例子莫過於環遊世界的遊輪之旅。儘管夫妻倆加起來要花將近八百萬日圓，但我直到今天都覺得這筆錢花得非常值得。

正常來說，花八百萬日圓去旅行是難以想像的瘋狂行為。但是考慮到自己能從這趟旅程得到什麼樣的經驗、對將來會造成什麼樣的影響，就不免覺得獲得的價值遠在價格之上。

說到環遊世界的遊輪之旅，或許會給人一種窮奢極侈的印象也說不定，但是硬要說的話，我其實是不太花錢的人，平常的生活也極為簡樸。對昂貴的名車及衣服、首飾毫無興趣，基本上沒什麼物欲，也不喝酒、不賭博，更不會去酒店之類的風月場所。

另一方面，我很願意把錢花在能讓自己有所體驗的事物上。

還有，我也很捨得把錢花在有助於提升效率的工具上，這是基於「花錢可以買到時間」的概念。為了提升工作效率，我買了高性能的電腦，還多買一台螢幕。只要能讓自己的工作更有效率，我很捨得把錢花在能節省更多時間的商品上。

如果花錢就能讓自己今後的人生更豐富，我就會認為這筆錢花得很值得。

第5章

平凡人的傳播革命

1

爲什麼全人類都需要經營自媒體

今時今日，我認為全人類都應該經營自媒體。如果你希望生活能比現在過得更好一點，應該要立刻開始進行。經營自媒體不僅不需要成本，還有很多好處。我深信從今以後，有經營自媒體的人與沒有經營自媒體的人將會拉開非常大的差距。具體而言，經營自媒體有以下好處：

①聚集與自己的想法有共鳴的人

②能得到更多對自己有益的資訊

③可能會帶來工作機會

④擺脫「一味受人恩惠的角色」

①聚集與自己的想法有共鳴的人

只要開始經營自媒體，就能遇到「與自己的想法有共鳴的人」、「臭味相投的人」、「價值觀相近的人」。當然也可以自己去找，但如果是對方主動找上門來不是更完美嗎？沒錯，當自己開始經營自媒體，對方就會自然而然地找上門來。

透過經營自媒體建立的關係，不同於在學校或公司建立的關係，都是些「原本喜好就很相近」的人，所以多半會非常合得來。我自己就透過 Twitter 或部落格交到很多好朋友。不只工作上的往來，也結交到許多私底下可以一起玩的朋友。

人的一生無論事業再成功、賺到再多錢，如果沒有「朋友」，人生還是很孤單。從這個角度來說，朋友或許比金錢更重要。

②能得到更多對自己有益的資訊

當你開始經營自媒體，反而會得到更多資訊，真不可思議。

這是為什麼呢？首先是當你開始分享資訊給不特定的對象時，會得到讀者或觀眾的感謝。能被別人感謝其實是件非常開心的事。因為很開心，所以願意更積極地蒐集資訊，也會對表達方式多下點工夫。如此一來，「跟隨者（讀者、觀眾）反過來教自己的事」自然也會隨之增加。

因為你透過每天經營自媒體「提供」資訊給別人。**對你而言這或許只是「一次投稿（上傳一篇文章或一段影片）」的舉手之勞，可是全世界的人都看得到你的分享。**愈多人看到，心生感激「謝謝你告訴我這件事！」的人就愈來愈多。當別人做出令自己開心的事時，產生「我也想回報！」的心情乃人之常情。當然不是每個人都會這麼想，可是當自己知道「平常分享資訊給我的那個人好像不知道的事」，就會想要告訴對方，當作感謝對方平日提供訊息的「回禮」。

具體的推文內容

☆←海星 @ 部落客
@hitodeblog

好想製作「有趣的作品」。

明明有這個想法，可是仔細再想想，我對坊間有趣的作品一無所知！
因此接下來打算每天都能盡量接觸到「有趣的作品」。

可以的話請大家告訴我在 Netflix 或 Amazon 上，有什麼是「這個一定要看」的作品。🙏🙏🙏

上午 0:35　　2018 年

☆←海星 @ 部落客
@hitodeblog

【誠心發問】
請推薦我附有降噪功能的耳機！！！

總之降噪功能一定要好。

經常聽說 AirPods Pro 還不錯，可是我完全沒在用蘋果的產品。如果以這個前提還是建議我買 AirPods Pro 的話，那我就買了。

☆←海星 @ 部落客
@hitodeblog

【誠心發問】
因為我突然起了「想把日本還沒有去過的縣全部走一遍」的念頭，

我想先進攻鳥取、島根、山口附近，可是我只知道砂丘和出雲大社，請推薦我有哪些必去的觀光景點或旅館、美食。

我很喜歡泡溫泉，所以也想知道有什麼溫泉旅館。

另外，當跟隨者增加到一定人數，自己提出問題時，將有很多人搶著回答。我在自己沒有信心的領域經常請教跟隨者（例如前頁所示的推文，每條都獲得五十則以上的回覆，真的非常感謝大家！如今要是沒有跟隨者，我連自己要買副耳機都不知道該怎麼選了！為了報答大家的恩情，從今以後也會繼續努力經營自媒體）。

③可能會帶來工作機會

開始經營自媒體後，經常會帶來工作機會，當然也可以一開始就以此為目的。如果鎖定特定的領域分享資訊，機會更是源源不絕而來。

舉例來說，假設有個非常喜歡零食、專門介紹自己推薦的零食，共有一萬名跟隨者的帳號，對於零食公司而言，此帳號具有「能向一萬名愛吃零食的人宣傳」的效果，就連電視廣告或看板也達不到這麼好成效。「有許多特定領域的跟隨者」對於想宣傳商品或服務的企業而言是求之不得的存在。這點也適用於部落格或YouTube。

想當然耳，絕不能做隱形行銷（讓人誤以為不是廣告，但其實還是業配文的行銷手法）、販賣粗製濫造、有損信用的商品或服務。請先記得，一定要對喜歡的事物分享情報，才會帶來工作機會。

順帶一提，自媒體再繼續發展下去的話，可能就不再是「介紹別人的商品」，而是「自己設計商品」。就拿剛才的例子來說好了，一旦發展成「我吃過各式各樣的零食，平常為各位介紹這些零食，這次換我自己研發最好吃的零食，在網路上販賣！」那些看過你發文的人，應該都會買你設計的零食。本來要花很多錢打廣告，如今靠自己的影響力就能達到宣傳效果，真可以說是非常有效的方法。

④擺脫「一味受人恩惠的角色」

最後，我認為這點也很重要。

近年來，我們輕易就能找到非常多影音產品。除了YouTube、TikTok之類的服務外，電視、電影和書也都很精彩，光是網路上就有滿坑滿谷的影音產品可以看。當一個單純的觀眾其實也不錯。

只是，說穿了，**唯有「願意主動付出的人」才有機會成功。**據我所知，沒有哪個成功人士是一味接受別人的恩惠。經營自媒體就是從「接收者」變成「提供者」。說起來簡單，可是真的要付諸實行的時候，其實需要很大的變化。

剛開始經營自媒體時，會遇到很多迷惘或煩惱。「要上傳什麼內容才好？」「文章要怎麼寫？」「影片要怎麼剪輯？」相較於只是接收，提供資訊要來得麻煩多了，也很辛苦。

但也正因為如此才有價值。當你費盡千辛萬苦發表自己的看法時，你將成為「提供訊息的人」。如果能提供資訊給更多人，你的人生一定會往好的方向發展。請務必試著從接收者變成提供者，而第一步就是經營自媒體。你的人生一定會變得更好。

社群媒體為人生帶來「哪些好處」

經營自媒體的優點

- 產生名為內容（文章及影片等等）的資產
- 藉由輸出整理自己的想法
- 帶來工作機會或認識更多人
- 靠分享資訊累積粉絲
- 賺錢……族繁不及備載

2

經營部落格的建議

如前文所介紹的，藉由經營自媒體，發表自己的想法及知識、分享工作成果、共享情報，可以與新的朋友建立關係或掌握商機。而自媒體的平台有以下幾種。

- **Twitter、Instagram 等社群媒體**
- **部落格等文字網站**
- **YouTube、TikTok 等影音網站**

這些我全部試過了，其中以經營部落格最成功，所以本節將深入地解析部落格。再者，社群媒體和 YouTube 在本質上大致相同，因此以下的內容也能提供給不玩部落格的人參考。

部落格的優點

經營部落格有非常多優點。以下介紹幾個最具有代表性的優點。

■最適合發展爲副業

經營部落格最適合發展為副業。

不只上班族可以當作副業，家庭主婦在做家事及育兒之餘、學生在讀書之餘也都能用部落格經營副業。

此外，經營部落格與自由工作者的工作性質也很相近。非常推薦寫手或插畫家在工作之餘，另外經營部落格。

不只經營副業的人可以利用部落格分享自己的工作成果，只要在部落格加上廣告就能發展為第二副業。

■幾乎不需要成本

經營部落格幾乎不需要投入初期成本。

如果要作為副業好好經營，每個月大概要花一千日圓的資金，但是也可以運用免費的部落格空間。

因此，如果將部落格當成副業經營，就算經營得不順利，也不至於蒙受損失。

■輸出每天的學習成果

經營部落格等於是輸出每天的學習成果。

將學習到的東西或工作獲得的知識等等，用自己的語言組織成文章，發表在部落格，藉此讓上述的知識或經驗扎扎實實地內化成自己的東西。

在提升自己的技術同時，也能讓部落格同步成長。

也可以確實提升資訊組織能力和書寫文章的能力。將資訊整理成文章的能力是在社會上走跳不可或缺的技能，除了副業以外，也能活用到正職上。

學習與網路有關的知識與技巧

在架設部落格的過程中，也能學習到一定程度的網路知識。

其次，撰寫文章時常常需要蒐集資料，此舉能讓自己的搜尋技巧更上一層樓。或許有人會覺得「上網搜尋而已，誰不會啊」，但是要從茫茫資料中尋得自己所需的正確資料，其實需要相當純熟的技術。

再者，如果要讓部落格產生收益，也必須具備網路廣告的相關知識。

像這樣學會與網路有關的知識與技巧後，也可能遇到有人透過部落格來向你挖角。對於經營部落格的人來說，也許只是理所當然的知識及技巧，但是對一般公司行號而言，可能是很珍貴的才能。

實際上也有上市企業問過我：「要不要來我們公司上班？」我也有很多朋友都因為經營部落格而跳槽到網路相關公司。我自己是因為已經不想再當上班族了，所以沒有答應，但是看在想轉換跑道的人眼中，這可是求之不得的機會。比起自己主動出擊，對方來挖角的情況應該能談到更好的條件。

■能拓展家庭與公司以外的人際關係

藉由經營部落格，可以與家庭、公司以外的人建立關係。這是意料之外的重大收穫。

人一旦出了社會，就很難與家人或親戚、公司以外的人建立起新的人際關係。不只能建立起新的人際關係，還能跟對同一件事感興趣、價值觀相契合的人走得更近。換句話說，可以在家庭與公司以外的地方得到安身立命的居所。

部落格的缺點

經營部落格沒什麼缺點。

當然，如果硬要挑毛病，還是能挑出「需要花一點費用（每個月一千日圓左右）」、「寫文章很麻煩」等缺點，但那些都不是因為經營部落格而產生的缺點。

對於單純是為了經營自媒體而寫部落格的人而言，說是根本沒有缺點也無妨。只有一點必須注意，所以請牢牢記住這一點。

需要經營一段時間才會開始賺錢

這是將部落格當成副業經營時，所要面對的最大問題。通常需要耕耘半年左右才會開始產生利益，花了大半年仍賺不到半毛錢的人也大有人在。

這段時期非常痛苦。然而一旦開始獲利就會漸入佳境，可惜幾乎所有人都撐不到撥雲見日就半途而廢了。

不過相對於此，部落格也有不冒風險就能達到收入無上限的潛力。即使失敗，頂多也只是損失每個月一千日圓左右的小錢。因此我認為只要時間上允許，試試看其實也沒有損失。

由此可見，經營部落格的優點比缺點多很多。經營副業的人請務必利用部落格分享訊息。

3 如何選擇部落格工具

如果要開設部落格，當務之急是必須先決定要使用何種部落格工具。

部落格工具大致可分為二種：一種是Ameba或Livedoor、Hatena部落格等免費的部落格服務平台（※如台灣的痞客邦、方格子等），另一種是Wix或WordPress、Jimdo等內容管理系統（CMS）。

以下為各位一一分析。

免費部落格服務平台

提供免費服務的部落格平台其實有很多。

基本上，這種部落格平台都可以免費使用，設定也非常簡單，**即使是第一次接觸的人，也只需要五分鐘就能架好一個部落格。**

只不過，這些免費的部落格平台在版式設定上的自由度通常都不高，這點請特別注意。

另外，當你試圖營利時，大部分的免費部落格平台都會收錢。這是因為提供這些免費部落格服務的公司，會在部落格張貼該公司或由該公司仲介的廣告。如果想撤下這些廣告，改貼能為自己帶來收益的廣告，該公司就會要求「請每個月支付〇〇日圓的費用」。

畢竟他們無償提供了部落格服務，自然會需要分一杯羹。此外，有些公司的服務條款是如果想使用客製化的版式，就一定要選擇付費方案。

選擇免費部落格平台的時候，請先查清楚這方面的規定，再決定使用哪一家的服務。

順帶一提，在諸多免費部落格平台中，如果問我哪個比較好用，我的回答一向是「選擇Hatena部落格一定不會錯」。只不過，如果可以的話，希望各位盡量從接下來介紹的「WordPress」開始。

CMS（Content Management System，內容管理系統）

CMS指的是線上儲存、管理網站內容及版式的系統。

在以前的年代，如果想架設網站，要用「Homepage Builder」等軟體離線製作好網站，再將網站傳到網路上。然而**現在只要使用CMS，就能線上製作網站。也就是只要連上網路都能更新網站。**

另外，雖然開設部落格需要花一點時間，可是一旦架好部落格，就能輕鬆更新文章，即使是「怎麼都是英文，有看沒有懂……」的人也不用擔心。簡單來說，CMS就是「一種比以前更簡單，即使是毫無專業知識的人，也能在網路上架設好部落格的系統」。

我最推薦 WordPress

CMS 也有各式各樣的選擇，如果要用 CMS，我個人最推薦 WordPress。WordPress 是任何人都能使用的系統。WordPress 本身不用錢，但必須自行與出租伺服器的公司註冊，取得網域名稱。伺服器的月租費與網域名稱的使用費每個月約一千日圓左右。

即使是使用免費部落格，當你想開始賺錢的時候，一樣得花費差不多的金額，因此這筆成本可說是無傷大雅。

WordPress 上的文章將成爲自己的資產

我之所以推薦 WordPress 更甚於免費部落格，最主要的原因在於「WordPress 上的文章將成為自己的資產」。

利用免費部落格撰寫文章時，部落格上的文章命運掌握在服務平台的手中。

萬一違反使用規定，文章可能會遭到刪除。如果只是文章遭到刪除，問題還不大。有時候會連整個部落格都被封鎖……。

實際上我也遇過整個部落格突然被隱藏的狀況，不曉得自己什麼時候違反了使用規定。儘管違反規定是自己的錯，問題是當時我每個月都能從部落格賺到五十萬日圓左右，幸好第二天就恢復正常，總共只損失了一、二萬日圓，可是一想到如果一直處於被隱藏的狀態，就覺得毛骨悚然。

也就是說，使用免費的部落格服務的話，費勁千辛萬苦寫好的文章和集其大成的部落格，終歸服務平台管理。

換作是 WordPress 的話，就能自己管理所有的文章。部落格等於是自己的資產。

■設計自由度高、客製化彈性大

WordPress 是世界上最多人使用的 CMS，因此 WordPress 也提供最多的布景主題及外掛程式（擴充功能）。換言之，具有高度的設計自由度及客製化的彈性。

那些版面好看的部落格，基本上都是用 WordPress 做出來的。

足以證明自己的技術

用 WordPress 架設部落格需要花一點時間，但是用 WordPress 製作網站這件事本身也是一種技能。

跟過去比起來，WordPress 變得好用多了。老實說，設定本身並沒有太大的改變，但世人對此卻有一種「咦，你會用 WordPress 架設網站啊？好厲害！」的印象。用 WordPress 架設網站儼然是一項出色的技術，甚至有人靠著幫別人用 WordPress 架設網站來賺錢。

從提升技能的角度來看，請務必嘗試用 WordPress 架設部落格。

請先嘗試 WordPress

基本上，免費部落格很適合對電腦操作沒有自信的人、不喜歡學新東西的人。

我一開始還沒有任何知識時，也沒有深入研究，就直接用「Hatena 部落格」開了部落格。

後來我將部落格移到 WordPress。然而，在轉移部落格的時候，搬資料的程序真的非常麻煩。我在多方嘗試後，依舊無法自己處理，結果只能花錢委託業者，好不容易才完成轉換到 WordPress 的作業。

從此以後，要架設一個新的部落格時，我一定是用 WordPress。可以的話，希望大家都能努力地嘗試使用 WordPress。除非試了 WordPress，卻真的怎麼也無法上手的時候，再來思考要不要改用免費部落格——我建議各位採取上述的順序。

就算覺得好像很難……也不用擔心。我在「hitodeblog」中介紹了只要一步步照做即可的教學（https://hitodeblog.com/wordpress-start），如果操作畫面有變動，我都會立即更新。如果還是不明白的話，也可以直接問我。

4 該分享什麼內容才好？

隨著文章愈寫愈多，就會逐漸確立自己的部落格風格。但是剛開設部落格的時候，可能會遇到不曉得該寫什麼才好的問題。

以下將部落格文章的寫法傳授給大家。

到底該分享什麼內容才好？

成立部落格是一回事，問題是到底該寫些什麼才好？我想很多人都十分苦惱，不知道該寫些什麼才好。以下分享兩個「只要往這些方向努力前進就能有所成長」

的標準，請務必參考看看。

①不用查資料就能直接寫的事

剛開始寫部落格的人如果不曉得該怎麼寫，請先寫下「不用查資料就能直接寫的事」。

如果以自己過去十分沉迷的事、努力過的事為主題，下筆就能如有神助。可以寫下自身擁有的知識與情報，也可以寫下自己的經驗。無論是當時不知所措的事，還是覺得很棒的事，正因為來自親身經驗，才能寫成真實的文章。

加上能設身處地著想，知道新手容易在哪些地方受挫。因此不妨回想自己剛起步的時候，寫下想對過去的自己說的話，如此就成了一篇對讀者很有幫助的文章。

然而，如果選擇以自己不熟悉的領域為主題，文章就會卡住，因為什麼都必須從頭到尾查清楚才能下筆。

②寫下感興趣的事、想學習的事

如果以前沒有特別努力或特別沉迷的事，也可以寫下「現在感興趣的事」、「想學習的事」。

想當然耳，因為是現在才要開始學習，在那個領域還沒有什麼成績，因此也可以一五一十寫下從一無所知到成功的過程。

既然要學習，請依序寫下學到的事或查到的事。此舉亦可用於複習，正可謂一舉兩得。

想向誰分享什麼？

在寫文章以前，請先釐清想寫給誰看。

- **想讓什麼人知道**
- **想傳達什麼內容**

想解決什麼煩惱

只要決定好以上三大方針，自然會知道該寫些什麼。

寫文章前，不妨先寫下「想向誰傳達什麼內容？」

如果不先釐清這部分，寫著寫著，可能會一下子提到這個、一下子提到那個。又或者是開始寫起不需要交代的細節，直到最後都沒有講到重點，變成一篇虎頭蛇尾的文章。

經營部落格需要持續寫很多文章。撰寫時是否意識到「想向誰傳達什麼內容？」這個問題，在寫下一百篇、兩百篇文章後，呈現出來的水準將相差天壤之別。

實際能做出成果的部落格經營方法，如下一頁圖示。礙於篇幅不夠，我省略了詳細的說明，但我在以下的影片中有詳細的解說，想知道的人切勿錯過（影片名稱：【如何開始寫部落格】用五個步驟解說就能做出成果的方法！https://www.youtube.com/watch?v=FbkwzXX5k_o）。

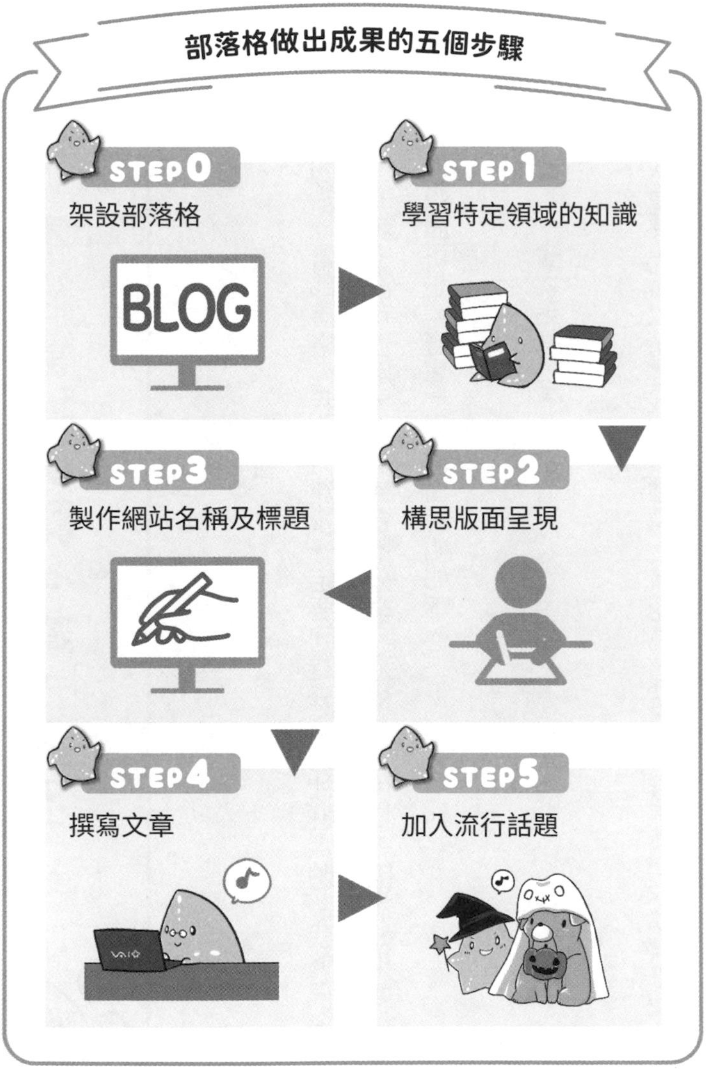
部落格做出成果的五個步驟
STEP0
架設部落格
BLOG
STEP1
學習特定領域的知識
STEP2
構思版面呈現
STEP3
製作網站名稱及標題
STEP4
撰寫文章
STEP5
加入流行話題

5

不經營社群就「虧」大了

如果要開始經營部落格，我強力建議一定要同時分享到社群媒體。我猜很多人雖然有帳號，卻幾乎沒有善用，或是純看不分享。這樣非常可惜！因為如果要經營部落格，社群媒體可是「寶庫」。理由說明如下。

遇見可以結交一輩子的朋友

這真的很重要，所以請容我再次強調。我認為這就是社群媒體最大的優勢。

在網路上交流的門檻很低，可以輕易與別人產生連結。可以君子之交淡如水地只關注對方，也可以用做頻繁聯繫的工具。

有很多人透過社群媒體，遇到可以結交一輩子的好朋友。

我主要使用 Twitter，因為比起部落格的留言欄位，Twitter 更便於交流，即使是透過部落格認識的人，後來也經常用 Twitter 聯繫。

經營部落格的人請以部落格為自媒體的分享工具，然後盡量以 Twitter 作為交流的工具。

傾聽使用者的心聲

寫部落格或上傳影片至 YouTube 的人，可以再額外經營社群媒體，傾聽讀者或觀眾最真實的聲音或疑問。

不只部落格，從事直接提供商品或服務給使用者為副業的人，善用社群媒體也非常有效。

使用者真實的心聲是非常可貴的。尤其是知識型或教育型的部落格，還有以初學者為對象經營的部落格，能否聽見使用者的心聲，將大大地左右其所提供的資訊品質。

我經常使用 Yahoo! 知惠袋（※ 相當於台灣雅虎的 Yahoo! 知識＋）來研究使用者的煩惱。當然，Yahoo! 知惠袋也是很優秀的調查工具，但是透過社群可以聽到更多更真實的煩惱。所以不要偏廢其中一方，同時使用 Yahoo! 知惠袋和社群媒體來進行市場調查吧。

個人的煩惱等於眾人的煩惱

請重視「這裡不曉得該怎麼做才好」、「聽不太懂這邊的說明」這樣的聲音。即使只是區區一個人的發言，既然他在這裡摔跤，就表示其他人也很容易在這裡碰壁。

光是一一調整使用者提出不容易理解的部分，就能寫成一篇又一篇的文章。

建議剛開始經營社群媒體的人，在得到來自使用者的意見或問題之前，事先準備好一個窗口。像是在部落格設置留言板或「與我們聯絡」的表單，開啟 Twitter

接收私訊的設定，也可以利用LINE官方帳號（以前的LINE@）或匿名提問箱。

這些窗口不能只是流於形式，既然準備了窗口，就必須表現出「歡迎提問」的態度。

透過窗口收到使用者真實的煩惱或疑問，就能據此寫出大眾需要的文章，讓讀者滿意。

能夠成爲親近的存在

以部落格為例，部落客與使用者的關係分屬「寫的人↓看的人」，無論如何都會變成單向溝通。

不過如果換作是社群媒體，就會建立雙向溝通。假設我在Twitter上發了一則配上照片的推文「今天的午餐是味噌拉麵」，就能引起「這是○○軒的拉麵吧？很好吃對吧？」「對呀！我最近迷上了這家拉麵」之類的交流。

這種平凡無奇的對話，具有相當重大的意義。透過日常的對話，部落客就能從電腦螢幕另一端的人，變成一個真實的存在。從原本只是單方面看部落格的關係，一口氣拉近心理的距離。

讓使用者感覺自己離他很近，對方的認知會從「這個部落格真是博學多聞」轉變成「這個人真是博學多聞」。不只部落格及網站，就連個人的品牌形象也能有所提升。

吸引使用者立刻點閱

即使不到所謂的「爆紅」程度，只要有一定人數的跟隨者，就能透過在社群媒體公告部落格更新的訊息，吸引到流量。

以我為例，我每次在Twitter提到部落格，都能吸引大概一百人立刻點進來看，也能更快被Google建立索引（index）。更重要的是能提升自己的幹勁，要是文章一公開就有許多人來看，就是最大的鼓勵，足以讓人產生「要繼續努力寫文章」的動力。

不至於輸給 Google 的更新速度

Google 每次更新，搜尋排名都會大幅變動，導致經營部落格的人無所適從。

然而，只要社群媒體的帳號有許多跟隨者，即使搜尋排名滑落，也不會受到太大的打擊。

說得極端點，如果有一百萬名跟隨者，每天只要有百分之一的人看你的部落格，你的部落格每天就有一萬 PV（瀏覽量）。

事實上，SEO（搜尋引擎最佳化）所引導的流量相當大，因此源自跟隨者的流量很難超越 SEO，但還是值得以此為努力目標。

即使無法超越 SEO，社群網站依舊是很重要的風險管理工具。

如此可知，經營社群媒體的好處多多。

Twitter、Instagram、Facebook 等社群媒體都是免費服務，試了也不會有任何損失，因此我真心建議至少挑一個來經營。

6 寫網路文章時很重要的二大前提

網路上充斥著各種訊息。根據二〇二一年的統計數字，全世界存在著高達十八億個網站。

有這麼多訊息，要看哪一則完全任讀者挑選。也就是說，完全處於讀者取向的市場。

因此寫文章時必須遵循以下前提。

讀者其實不太讀文章

首先，請做好「讀者其實不太願意看文章內容」的心理準備。

不妨回憶起自己在網路上看文章的習慣，除非真的很有興趣，否則幾乎都是匆匆一瞥對吧。

只有自己會認真地看自己的部落格。

由於網路上的資訊多如過江之鯽，無論如何都只能匆匆看個一眼。這也是沒辦法的事。跟書本不一樣，網路上絕大部分的文章都可以免費閱讀，因此只要沒多大興趣，視線就會立刻移到下一篇文章。

如果希望讀者看到最後，就必須下一點工夫。

具有無限的展示空間

另外，不同於報章雜誌，像部落格這種在網頁上閱讀的文章不受空間的限制。

如果是報章雜誌，受版面的篇幅限制，如果要提供大量的資訊，就得把文字塞得密密麻麻才行。

但網路沒有空間的限制，所以不需要密密麻麻的文字。請根據上述二大前提，撰寫網路文章吧。

7

三個技巧教你寫出淺顯易懂的網路文章

大部分的讀者在讀你寫的文章時，都只是匆匆一瞥。因此請先思考要怎麼做才能提供有益的內容，給這種草草看過的讀者。

說白了，就是要寫到就算只是瞥過也能看懂的程度。

以下為各位介紹三個寫作技巧，就算讀者只是匆匆一瞥也能理解內容。

①先寫結論

這點非常重要。請先寫出結論。

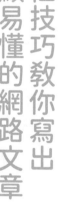

讀者不會仔細閱讀你的文章。因此要是寫得拐彎抹角，讀者馬上就會按下「返回上一頁」離開，尋找寫得更易懂的文章，反正看再多文章都不用付半毛錢。

所以基本上，不能把結論拖到最後再說。

先寫結論，讀者會不會沒看到最後就走人啊……或許各位會有這樣的擔心。

但是，不要緊的。

知道結論之後，也會想近一步了解你的立論根據。例如看到「在Twitter上寫文章的時候，將片假名控制在全文字數的一成以下，有助於增加跟隨者」的敘述，是不是會很想問「為什麼」，探究背後的原因呢？以上是無憑無據的謠言，但就算是正確的資訊，光聽到結論通常也不會不疑有他地照單全收。

即使知道結論，也想知道立論根據乃人之常情。所以看完結論還是會繼續看下去的，請放心吧。

如果是只要知道結論就夠了的主題，即使讀者看完結論就跑也沒關係。因為這篇文章對讀者有幫助的事實，並不會因此改變。

②盡可能一目瞭然

很多讀者無法接受畫面被文字塞滿的狀態。

即使文章內容一模一樣，光是調整一下排版，就能增加易讀性。

盡量多換行

光是增加換行，就能變得好讀許多。

刊登在網路上的文章沒有空間限制，因此就算換再多行也沒關係。

近年來，愈來愈多人用手機看文章，這時適度的換行就顯得格外重要。因為手機螢幕的左右兩邊比較窄，很快就會被文字填滿。用電腦看只有一行的文字，改用手機來看可能會長達三行。

考慮到用手機閱讀的視覺效果，每句話都換行其實剛剛好。

■有效地運用照片或圖片、表格及對話框等等

為了呈現更容易閱讀的視覺效果，不妨有效地運用文字以外的元素。像是加上照片或圖片，輔以圖解或使用表格、對話框等等。請多下點工夫，別讓畫面擠滿文字。

如我不斷重複的，網路文章沒有空間的限制，就算要加入插圖或使用對話框也毫無問題。

我在寫部落格的時候都會提醒自己，**不要讓畫面中只有文字。要設想到用手機閱讀文章時，一定要在畫面插入標題或圖片等等，增加視覺上的變化。**盡量不要出現乍看之下，整個畫面都被文字填滿的狀態。

③讓人把目光停留在重要的部分

為了讓文章容易閱讀，必須下點工夫，讓讀者的目光不由自主地停留在重要的部分。

每段內容都一目瞭然

為了讓人清楚知道文章的哪裡寫了什麼，請一定要準備好大綱。

有時候也會看到不曉得在寫什麼的大綱，千萬不要學。

其中甚至還有「如果想快速賺到錢，你需要〇〇」這種故意吊胃口的標題，這也不好。試想自己如果是讀者，看到這種標題會做何感想？只要稍微想像一下就能明白了。

不要留一手，請爽快地寫出答案。

如前文提到的，讀者不會因為你先寫出結論就不繼續看下去。請放心地寫出結論吧。

強調重要的部分

另外，如果是重要的部分，也請大大方方地強調「這裡很重要喔」。

換成粗體字、寫成條列式、用線框起來……總之要在視覺上向讀者強調「嗨，這裡很重要喔」。

再次重申，讀者不會乖乖把文章從頭看到尾。如果視覺效果不夠突出，讀者很容易錯過重點。

倘若非用長篇大論說明不可，說明的時候不妨先整理成條列式的重點，就能增加易讀性。

寫出容易閱讀的文章，意味著離讀者更近。讀者必須從網路上大量的資訊中，選取自己需要的部分。藉由採取讓人容易看下去的寫法、將重點強調出來，可以讓讀者以最快的速度確實地接收到訊息。

平常在閱讀網路文章的時候，不妨留意一下自己是怎麼閱讀的。這麼做應該有助於寫出更容易閱讀的網路文章。

8 如何永遠寫下去，不怕江郎才盡

「沒東西可寫。」

有很多人都會問我這個問題。

我明白寫不出來的心情，因為我也曾經不知道該寫些什麼，為此深感挫折。

如今，我已經不再擔心江郎才盡的問題了。

開始經營部落格的六年來，我寫了超過一千二百篇文章。基於這個經驗，我掌握到如何挖掘靈感，並且取之不盡、用之不竭的方法。

增加輸入

如果想增加寫文章的題材，首先要增加輸入。沒東西可寫意味著自己沒有東西可以輸出。既然如此，只要加以補充就好了。聽起來簡單，但真的很有效，所以各位也請務必一試。

以下為各位介紹二種我推薦的輸入方法。

①看十本與自己經營的主題有關的書

不妨多看一點和自己經營的領域相關的書。而且不是一、兩本，我建議一口氣看個十本左右。

閱讀可以增加知識，也可以增加寫作題材。看完十本書，應該就能明白哪些是這十本書共同提及的部分，掌握該領域的「核心」。

相反地，也能因此掌握解釋依書而異的部分，從各種不同的切入點寫文章。

不僅如此，閱讀本身也能成為寫作的題材。

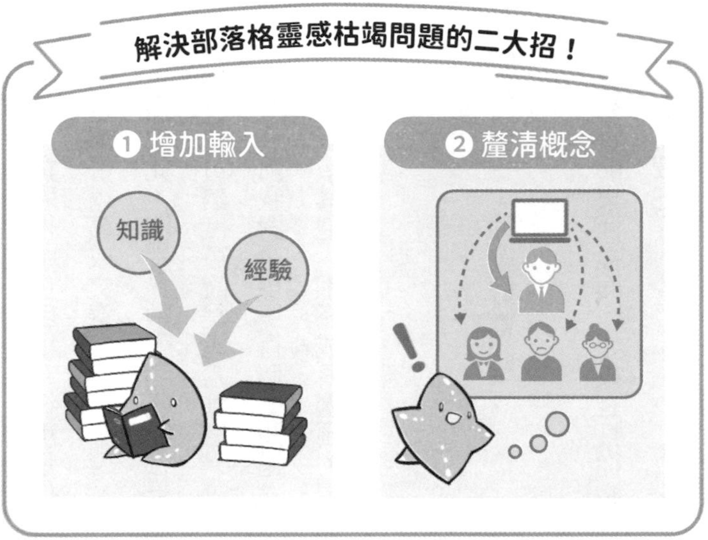

看的十本書中，如果有覺得「這本寫得很好」的書，不妨寫下心得感想。也可以寫成類似推薦排行榜的文章，或是寫成「推薦這本書給○○的人」之類的文章。除此之外，還可以介紹唯有一次看完十本書才能理解的重要領悟，對讀者肯定很有幫助。

②考取與自己經營的主題有關的證照

如果自己經營的領域有相關證照可以考取，請務必進修。

這些用來取得證照的教材，都經過系統化的整理。因此透過教材學習，可以將至今靠感覺理解的部分，化為言語表達出來。

另外，在過程中也可以介紹那是什麼樣的證照，採取什麼樣的學習法比較好，這些內容都可以寫成文章。

不僅如此，如果真的考到證照，也等同獲得背書。有證照的人與沒有證照的人，兩者的文章可信度可說是天差地別。

截至目前我對至少一百個人說過「不如去考個什麼證照吧」，但只有一個人真正開始學習，其他人都當成耳邊風。但也正因為如此，能藉此與其他人拉開巨大的差異。

想想最近買了什麼好東西

最近買的東西裡面，如果有打從心底覺得「這玩意兒真是買對了！」的東西，不妨寫成文章吧。

只要是與部落格的主題有關的商品，都能變成非常吸引人的文章。即使是與部落格的主題無關的商品，也能凸顯你的個人特色。

以買得好的商品為題寫作，還能展現購物時的價值觀、傳達使用者真實的感想，可以說是萬無一失的寫作題材。

如果是比較、研究過類似產品才購買，也可以寫下自己煩惱的原因、決定的關鍵等，這種記錄了購物猶豫過程的文章，也很受讀者歡迎。

不只商品的使用心得，還能寫出評比、排行榜等好幾篇文章。

從「能不能成爲寫作題材？」的角度來看世間萬物

這是不讓靈感枯竭最大的訣竅。

從「能不能成為寫作題材？」的角度來看世間萬物。

如果想經營自媒體，就得養成這個習慣。

網路上經常看到的文章、爆紅的推文、具有話題性的新聞……每次看到這些的時候都要思考「換作是自己會怎麼處理」。

另外，即使是日常生活的對話、雞毛蒜皮的煩惱，只要以「這個能不能變成寫作題材」的角度來看，通常會有新發現。

想也知道，實際能寫成文章的東西或許少之又少，但是養成隨時從這個角度思考的習慣，還是非常重要的。

只要養成這個習慣，一年半載後就能發揮相當大的作用。你會發現日常生活中題材俯拾皆是。

請隨時抱持「發掘題材的心態」。

9 增加 Twitter 跟隨者的「正確」方式

二〇二一年二月，我的 Twitter 追蹤人數達到十萬人（非常感謝大家）！

當然，人外有人，天外有天，但我原本只是一個毫無特長的平凡人，如今居然有十萬人關注我的推文，真是感激不盡。

因此在這一節，我想告訴各位，吸引更多人追蹤的「重要本質」。

在此前提下，雖然不是什麼新鮮事，但坊間流傳著許多增加跟隨者的技巧。

「推崇網紅的推文，吸引網紅為自己點讚。運氣好的話或許還能得到網紅的回覆，提高自己的知名度」

「以條列式寫法增加畫面占比」

「鎖定早上八點的通勤時間與晚上八點的放鬆時間」

「開頭一定要引人入勝」

「發推時加入特殊的主題標籤（hashtag）」等等。

老實說，這些都不是Twitter的本質。當然這麼做確實可以增加一些流量，不至於毫無效果，但這些都是已經是個「人物」的人，才需要思考的事，由平凡人來做一點意義也沒有。

不能以增加跟隨者爲目的

經常有人問我「該怎麼增加跟隨者?」

如果你的目的只是增加跟隨者，那花錢買就行了。事實上，跟隨者確實可以買，不妨用「購買跟隨者」等關鍵字搜尋看看，我想應該可以找到許多「為你的帳號增加跟隨者」的可疑服務（說是這麼說，但購買跟隨者其實違反了Twitter的使用規定……）。

如果照規定走，「Twitter 有大量用於互相跟隨的帳號，只要透過這些帳號，既不會違反使用規定，又能輕鬆地隨加跟隨者。

可是……不是這樣的，我們想增加的並不是這種「數字上的跟隨者」。增加跟隨者應該是一種手段，而不是目的。

應該把增加跟隨者視為達成「推廣自己的網站」、「希望大家都能知道這項服務」又或者是「希望別人對自己感興趣」這些目的的手段。

這樣的話，就不能把跟隨者當成一個數字。儘管我覺得其實很多人都搞錯了。如果想得到不是數字，而是活生生的、對自己感興趣的跟隨者，光靠那些小聰明並沒有意義。

做出實績

說得直接一點，若想增加跟隨者，成績才是最重要的。如果沒有實際的成績，一切都是白搭。

當然，就某種程度而言，「什麼時候發推比較有效」之類的發文技巧也很重要。有時候善用技巧，精準地傳達給受眾知道，有助於推廣自己的推文，但更重要的是「分享了什麼」。

最重要的莫過於分享的內容。為了讓自己傳達的訊息具有說服力，必須要有實際的成績背書。無論寫得再好，倘若沒有成績背書，就跟名言 bot（※自動產生名言的機器人帳號）沒兩樣。

我自己正是有了實際的成績以後，跟隨者才開始增加，也是在部落格開始賺錢以後才自立門戶。看在像以前的我那樣「想辭職不幹」的人眼中，這或許也是很大的成就吧。

另一方面，我的部落格收益連續四年以上都有每個月一百萬日圓以上的成績。成績不見得是賺多少錢，但是賺了多少錢、部落格有多少點閱率、有幾萬人使用了自己提供的服務……諸如此類能以數值表示的成果，將成為一目瞭然的成績。

當然，即使不能量化，「大家都知道的那個知名網站是我做的」或「我是上過電視的搞笑藝人」也是很出色的成績。

寫下做出成績的過程

寫下做出成績以前的行動、方法、心得或思考模式也很重要。以我為例，我在Twitter上解說開始經營部落格的方法與經營部落格的重點等等，提出如何提升部落格的點閱率或如何讓部落格產生收益等，就算收學費也不為過的獨門心法。

不只寫部落格的技巧等價值比較高的資訊，我也提出不少辭去工作後的真實想法。雖然沒有什麼技術含量，但我認為或許能給打算自行創業的人一點幫助。像這樣持之以恆地分享，想開始經營部落格的人就會追蹤我的Twitter。

立刻就能看到結果的成績沒有價值

如果想增加跟隨者，重點在於要先做出實績。聽到這句話，曾經有人反駁我說：「要是有這麼簡單就好了。」

他說的一點也沒錯。

可是，請各位仔細想想，如果真能簡單地做出成績，那種成績還有價值嗎？如果是一、兩天就能做出來的成績，你還會想追蹤這種人的帳號嗎？

很遺憾地告訴大家，立刻就能看到結果的成績沒有價值。

要做出成績是很不容易的一件事。正因為如此，才有價值。

那些受人吹捧的網紅也是拚命地不斷努力，才有現在的成績，有那麼多人願意成為他們的跟隨者。正因為付出了努力，才能成為擁有極大影響力的網紅。

那些滿腦子想增加跟隨者的人，最喜歡「簡單就能模仿的技巧」了，因為那樣很輕鬆。比方說「寫成條列式」、「在這個時間發推」、「加上這個主題標籤」等等，這些做法不需要任何努力。而我之所以一再重複既困難又麻煩的「做出實績！」這句話，是因為這是我經營了好幾年，終於理解到的「本質」。

如果沒有成績，再完美的技巧都派不上用場。必須先做出實際的成績，才能活用所謂的技巧。

一開始就算是再枝微末節的小事也無所謂，為了做出成績，請努力加油。

增加 Twitter 跟隨者必須先做出成績
每天早上道早安的戰隊！
早安——！
抱緊網紅大腿，增加路人對自己的印象！
回覆
網紅
利用換行提升畫面占比
這些都不是增加跟隨者「本質的方法」！
想增加 Twitter 的跟隨者 必須有成績！
1 做出成績
2 分享做出成績前的靈感或想法
成績
分享
+
成績

10 沒有任何強項的人如何做出成績

寫到這裡，我一直在重複「實績很重要！」但我想也有很多人感到不知所措「話雖如此，但我到底該做什麼才好……」。

「唯有這點不輸給任何人！」「我在這個領域非常優秀！」「以前得過這個獎！」如果有諸如此類的長處，要做出成績倒也不難，問題是我們這些凡人大概沒有這些長處吧（事實上我自己開始經營部落格的六年前，根本沒有任何可以拿出來說嘴的成績）。

但是不要緊，**即使現在還沒有任何強項，你也能做出「實績」，而且不需要天分。**以下就告訴各位要怎麼做。

請先從「微不足道的成績」開始

或許各位會認為自己不可能做出任何成績，那是因為各位把成績看得太重了。不需要成為「某個領域的專家」或「某個領域的網紅」那種了不起的成績，也不可能一下子做出那麼了不起的成績。但如果是微不足道的成績，任何人都可以辦到。

例如「用吉他彈一首歌」，沒錯，這也是實打實的成績。「煎蛋」也是成績，「靠副業賺一百日圓」當然也是成績。而「一年存二十萬日圓」更是十分亮眼的成績。

如果是這種程度的實績，是不是很多人都擁有？沒有人能一開始就做出讓人讚嘆「好厲害！」的成績，但應該都能做出「看在一無所知的外行人眼中，是非常了不起的成果」。看在接下來才要開始學吉他的人眼中，能用吉他彈一首歌其實已經很厲害了；對於接下來才要開始學做菜的人而言，會煎蛋也很厲害。這就是締造實績的第一步。

平凡人要以量取勝

但如果你以為「原來如此！意思是說我只要能用吉他彈出一首初學者會彈的曲子就行了吧！」還請稍安勿躁。想也知道，光是用吉他彈出一首初學者也會彈的曲子，這件事以實績來說太薄弱了。

各位可能會抗議：「怎麼這樣，明明是你自己說這樣就夠了！」但是請容我戳破大家的美夢，光是這樣還上不了檯面。

可是，如果會彈一千首曲子呢？

沒錯，這才是平凡人出奇制勝的絕招。如果能做出一千道簡單的菜色呢？如果知道一千家當地的美味午餐呢？如果知道一千種能賺到十日圓的方法呢？如果看過一千本特定領域的書呢？如果是這種人說的話，是否就想實際聽聽看了呢？

選午餐的時候，也會想嘗嘗吃遍當地一千家餐廳的人推薦的第一名午餐吧。

當自己想針對某個領域進行研究時，應該會想看看讀遍該領域一千本書的人推薦「這本書寫得太棒了！」的書吧。

「增加數量」將會變成簡單明瞭的成績，而且這種方法不需要天分。因為你可以先做出第一個「微不足道的成績」，接下來只要比照辦理即可。就看要不要做，其實就只是這樣而已。

以量取勝時的注意事項

以量取勝的策略是身為平凡人的自己唯一的活路。只不過，要注意一點，投入已經有競爭對手且以數量取勝的戰場，是沒有勝算的。即使下定決心「好，我要研發一千種食譜！」但單憑一個人也絕對拚不過 cookpad（※ 全球最大的食譜社群網站）。那麼這時候該怎麼辦，我建議「劍走偏鋒」，在沒有競爭對手的領域另闢蹊徑。以食譜為例：

「研發一千種可以控制在一千日圓以下，讓四人家庭吃飽一餐的食譜」

「研發一千種在控制醣分的前提下，取得均衡營養的食譜」

「研發一千種只用在 7-11 買得到的食材做的食譜」

……等等，劍走偏鋒的方法要多少有多少。

而且這些「研發一千種〇〇的過程」不只可以成為你分享的內容，在研發出一千種〇〇後，你也會得到「〇〇達人」的「實績」。

平凡人只能一步一腳印地往上爬

不斷累積微不足道的成績，過程中持續分享。如此一來，你就能變成自己所追求的「具有實績的人」。這是非常樸實無華的作業，不可能一蹴可幾，也沒有捷徑，只能靠不斷地積累。

然而你印象中「擁有傲人成績的人」，其實也都是腳踏實地、一步一腳印的人。而且那些人此時此刻仍鍥而不捨地繼續往上爬。

即使是專業的吉他手，也有過連一首歌都無法用吉他彈出來的時期；即使是世界級的大廚師，也有過連蛋都煎不好的時期。或許有極少數的天才能跳過這些階段，可惜你我都不是天才。

既然如此，現在就開始累積「微小的成績」吧。畢竟「碩大的成績」絕對不可能突然出現在眼前。無論再怎麼厲害的人，都是由一個個「微小的成績」聚沙成塔，才變成現在的規模。要是拒絕接受這個事實，一味地羨慕別人「那傢伙可好了」，現實也不會有任何改變。

平凡人也能發起翻轉人生的革命，現在就以微不足道的成績踏出第一步吧。

如果各位看完這本書，興起「我也想嘗試經營自媒體，尤其是寫部落格……」的念頭，接下來就是我擅長的領域了。請務必相信我。我在部落格及 YouTube 發表了許多部落格的經營方法，以及如何產生收益的具體做法。

・hitodeblog：https://hitodeblog.com/

・ヒトデせいやチャンネル（海星＆ Seiya 的頻道）：https://www.youtube.com/channel/UCQAJlnmzlQGhDmjiSx8FH4Q

以上全都免費。也可以透過 Twitter（@hitodeblog）向我提出問題。

即使只是一個小小的革命，也請務必開始經營自媒體。我會全力支持各位。

後記

「想活得比現在自由」

當我還在當上班族的時候，我不只一次思考這件事。同時，也放棄過無數次。因為我認為過著「每天都很開心，不受任何討人厭的事束縛，快快樂樂地工作，有值得尊敬的朋友及夥伴」這樣的日子，是只屬於天才的特權。我真心以為要具有某種特殊的能力、有某種特殊的經驗、有某種特殊的相遇、有某種特殊的環境，才能過上這種生活。

可是，事實上並非如此。一向平凡的我如今有技術在身，身邊還有很多朋友，腳踏實地地賺很多錢，每天都過得很開心。但並不是某一天突然變成這樣，而是重新審視自己的生活，開始從事副業，學習與金錢有關的知識，持續好幾年經營自媒體，才得到現在的結果。

請各位重新審視一下我的起點。

- **學歷不高（三流大學）**
- **完全不會運動（參加比賽從沒贏過）**
- **工作上也失誤連連**
- **從未有過專注於一件事並做出成果的經驗**
- **身邊沒有任何白手起家的人或富甲一方的朋友（沒有人脈）**

我想一定有人處於比我更惡劣的狀況，或許有人會不以為然地覺得「你算好命了」。儘管如此，我還是希望各位可以理解，我並不是特別優秀的人。

我在寫這本書的時候，完全沒有誇大自己的經驗，只想著如何以平凡的方式成功。如果有哪一頁特別吸引到你，促使你實際採取行動，將是我的榮幸。

無論再微不足道的小事，只要能付諸行動，人生就會發生變化。**即使你只是平凡人，也一定能有所改變。**

但願有更多人因為看到這本書，為自己的人生掀起微型革命。

就這樣！再會。

二〇二一年二月　海星

smile 186

魯蛇的翻轉人生計畫

改變現狀、擁抱自由，創造更多可能的人生改革術

作者｜海星
譯者｜劉珈盈、賴惠鈴
責任編輯｜陳柔君
封面設計｜J.C. CHEN
內文排版｜簡單瑛設

出版者｜大塊文化出版股份有限公司
105022 台北市南京東路四段 25 號 11 樓
www.locuspublishing.com
服務專線｜0800-006-689
電話｜（02）8712-3898
傳真｜（02）8712-3897
郵撥帳號｜1895-5675 戶名／大塊文化出版股份有限公司

法律顧問｜董安丹律師、顧慕堯律師

總經銷｜大和書報圖書股份有限公司
地址｜新北市新莊區五工五路 2 號
電話｜（02）8990-2588

初版一刷｜ 2022 年 7 月
定價｜新台幣 380 元
ISBN ｜ 978-626-7118-61-0

Printed in Taiwan

國家圖書館出版品預行編目 (CIP) 資料

魯蛇的翻轉人生計畫 / 海星著 ; 劉珈盈 , 賴惠鈴譯 .
-- 初版 . -- 臺北市 : 大塊文化出版股份有限公司 ,
2022.07
252 面；14.8×20 公分 . -- （smile ; 186）
ISBN 978-626-7118-61-0（平裝）

1. 成功法　2. 生涯規劃

177.2　　111008474

LOCUS

LOCUS